मेरी जीवन-यात्रा

Greetings
A.P.J. Abdul Kalam
कलाम

रामेश्वरम में पैदा हुए एक बालक से लेकर भारत के ग्यारहवें राष्ट्रपति बनने तक का डॉ. ए.पी.जे. अब्दुल कलाम का जीवन असाधारण संकल्प शक्ति, साहस, लगन और श्रेष्ठता की चाह की प्रेरणाप्रद कहानी है। छोटी कहानियों और पार्श्व चित्रों की इस श्रृंखला में डॉ. कलाम अपने अतीत के छोटे-बड़े महत्त्वपूर्ण पलों को याद करते हैं और पाठकों को बताते हैं कि उन पलों ने उन्हें किस तरह प्रेरित किया। उनके प्रारंभिक जीवन पर गहरी छाप छोड़ने वाले लोगों और तदनंतर संपर्क में आए व्यक्तियों के बारे में वे उत्साह और प्रेम के साथ बताते हैं। वे अपने पिता और ईश्वर के प्रति उनके गहरे प्रेम, माता और उनकी सहृदयता, दयालुता, उनके विचारों और दृष्टिकोणों को आकार देनेवाले अपने गुरुओं समेत सर्वाधिक निकट रहे लोगों के बारे में भी उन्होंने बड़ी आत्मीयता से बताया है। बंगाल की खाड़ी के पास स्थित छोटे से गाँव में बिताए बचपन के बारे में तथा वैज्ञानिक बनने, फिर देश का राष्ट्रपति बनने तक के सफर में आई बाधाओं, संघर्ष, उनपर विजय पाने आदि अनेक तेजस्वी बातें उन्होंने बताई हैं।

'मेरी जीवन-यात्रा' अतीत की यादों से भरी, बेहद निजी अनुभवों की ईमानदार कहानी है, जो जितनी असाधारण है, उतनी ही अधिक प्रेरक, आनंददायक और उत्साह से भर देनेवाली है।

डॉ. ए.पी.जे. अब्दुल कलाम (15.10.1931-27.7.2015) भारत के यशस्वी वैज्ञानिकों में से एक तथा उपग्रह प्रक्षेपण यान और रणनीतिक मिसाइलों के स्वदेशी विकास के वास्तुकार थे। एस.एल.वी.-3, 'अग्नि' और 'पृथ्वी' उनकी नेतृत्व-क्षमता के प्रमाण हैं। उनके अथक प्रयासों से भारत रक्षा तथा वायु-आकाश प्रणालियों में आत्मनिर्भर बना।

अन्ना विश्वविद्यालय में प्रौद्योगिकी तथा सामाजिक रूपांतरण के प्रोफेसर के रूप में उन्होंने विद्यार्थियों से विचारों का आदान-प्रदान किया और उन्हें एक विकसित भारत का स्वप्न दिया। अनेक पुरस्कार-सम्मानों के साथ उन्हें देश के सर्वोच्च नागरिक सम्मान 'भारत-रत्न' से भी सम्मानित किया गया। विज्ञान-प्रसार में योगदान के लिए उन्हें प्रतिष्ठित 'किंग चार्ल्स-II' मेडल से सम्मानित किया गया।

भारत के राष्ट्रपति के रूप में अपने कार्यकाल के दौरान देश भर के आठ लाख से अधिक छात्रों से भेंट कर उन्होंने महाशक्ति भारत के स्वप्न को रचनात्मक कार्यों द्वारा साकार करने का आह्वान किया।

मेरी जीवन-यात्रा

डॉ. ए.पी.जे. अब्दुल कलाम

प्रकाशक • **प्रभात प्रकाशन प्रा. लि.**
4/19 आसफ अली रोड,
नई दिल्ली–110002

आवरण चित्र • डॉ. कलाम कार्यालय
अनुवाद • सुरेंद्र साहिल
चित्रांकन • संतोष मिश्रा
संस्करण • 2025
मूल्य • चार सौ रुपए
मुद्रक • नरुला प्रिंटर्स, दिल्ली

MERI JEEVAN-YATRA
₹ 400.00
by Dr. A.P.J. Abdul Kalam
Published by Prabhat Prakashan Pvt. Ltd., 4/19 Asaf Ali Road, New Delhi-2
e-mail: prabhatbooks@gmail.com
ISBN 978-93-5048-796-9

1.6 करोड़ उन युवाओं को,
जिनसे मैं पिछले दो दशक
में मिला और प्रभावित हुआ।

मेरी बात

मेरे जीवन की यात्रा के कुछ महत्त्वपूर्ण अनुभव हैं, जिन्हें मैंने अपने बचपन से अब तक सँजोया है और अपने जीवन के 80 से अधिक वर्षों में प्राप्त किया है। जीवन के इन महत्त्वपूर्ण वर्षों में मैंने बहुत कुछ सीखा है, जिनमें प्रमुख अनुभव है—हमें अपने जीवन के विभिन्न स्तरों के सपनों से जुड़े रहना चाहिए तथा उन सपनों को पूरा करने के लिए अथक प्रयास करते रहना चाहिए। अगर हम अपने सपनों की पूर्ति के लिए प्रयास करते रहेंगे तो हमें जीवन में निश्चित रूप से सफलता प्राप्त होगी। अधिकतर लोगों, जिनसे मेरी मुलाकात होती है, से अकसर मैं कहता हूँ कि 'सपने वे नहीं हैं, जो हम नींद में देखते हैं; बल्कि सपने वे होते हैं, जो हमें सोने नहीं देते।'

इस पुस्तक को लिखने का विचार मुझे उस दिन आया, जब मैं अपने बगीचे में टहल रहा था। अन्य दिनों की तरह ही मैं लगभग 100 बरस पुराने एक विशाल अर्जुन वृक्ष के नीचे खड़ा था तथा सिर उठाकर उस वृक्ष की शाखाओं को देख रहा था कि क्या इस पेड़ की शाखाओं में परिंदों ने नए घोंसले बनाए हैं या फिर मधुमक्खियों ने नए छत्ते बनाए हैं। यह वृक्ष दिल्ली शहर में था। उसी क्षण उस वृक्ष को देखते हुए मुझे अपने पिता की याद आ गई, जो मेरी तरह

सुबह जल्दी ही उठ जाते थे तथा अपने सुबह के कुछ घंटे प्रकृति के सान्निध्य में ही गुजारते थे। वे नारियल के पेड़ों को निहारते रहते थे और उनका निरीक्षण किया करते थे। इतना ही नहीं, वे अपने शहर के मार्गों पर पैदल घूमते थे—मुसकराते हुए। मैं अपने बचपन की यादों में खो गया, जब मैं अपने पिताजी का हाथ पकड़कर उनके साथ घूमने निकलता था। इसके बाद मैं अपने जीवन की यात्रा के बारे में सोचने लगा। उन मार्गों के बारे में सोचता रहा, जिन पर मैं चला था; वे महत्त्वपूर्ण वस्तुएँ, जिन्हें मैं देख चुका था, वे घटनाएँ, जिनका मैं एक हिस्सा रहा था। मैं सोचने लगा कि अपने इन अनुभवों को अपने तक ही सीमित रखूँ या फिर इन्हें अपने विभिन्न पाठकों अथवा अपने परिवार के सदस्यों के बीच व्यक्त करूँ, जिनका विस्तार होता जा रहा है, जो बरगद के एक विशाल वृक्ष की जड़ों की तरह दूर-दूर तक फैल चुके हैं, ठीक इस बरगद के वृक्ष के समान पोते, परपोते…।

मैंने अब तक कई पुस्तकें लिखी हैं। उनमें से कुछ पुस्तकों में अपने बचपन के अनुभवों का वर्णन किया है। जब मैंने अपने जीवन के बारे में पहली पुस्तक की रचना की थी, मुझे हैरानी होती थी कि क्या किसी को भी इनमें कोई रुचि होगी! मेरी अन्य पुस्तकों की तरह 'मेरी जीवन यात्रा' में मुख्य केंद्र कुछ छोटी तथा अनजान सी घटनाएँ थीं, जो मेरे जीवन में घटित हुई थीं। अपने माता-पिता से जुड़ी अनेक घटनाओं की व्याख्या मैंने इस पुस्तक में की है; क्योंकि जीवन के 82 वर्षों में इनका आज भी मुझ पर प्रभाव है। मुझमें जो संस्कार व आचार-नीति हैं, वे मेरे पिताजी तथा मेरी माँ द्वारा बड़े प्यार से मेरे अंदर सींची गई थीं। उन्होंने मेरे जीवन में कुछ गुण ढाले थे, ताकि मैं उन अनुभवों को जान सकूँ, जो मेरे माता-पिता ने जीवन

की कमियों के दौरान महसूस किए थे। उन्होंने मुझे इन कमियों के बावजूद बेहतर जीवन जीने को प्रेरित किया तथा इन संस्कारों के कारण ही वे मेरे जीवन में आज भी मजबूती से विद्यमान हैं। जब मेरे पिता लोगों की सोच को समझने की बात करते थे या फिर जीवन की वे परेशानियाँ, जो उन्होंने भाव-शून्य में व्यवहार करते समय पाई थीं, उनको मैंने अपने जीवन के मुश्किल पलों में संघर्ष करते हुए महसूस किया था। अपनी माँ के अद्वितीय स्पर्श, बच्चों की प्रभावशाली देखभाल और बच्चों के प्रेमभाव से लालन-पालन के संदर्भ में अपनी बहन जोहरा की चर्चा तथा उनके योगदान एवं उनकी सज्जनता का विस्तार से वर्णन करना चाहता हूँ। इसी संदर्भ में अपने परामर्शदाता अहमद जलालुद्दीन के उच्च विचारों तथा विस्तृत सोच की चर्चा करना चाहूँगा, जिन्होंने मुझे जीवन में उच्च शिक्षा प्राप्त करने के लिए प्रेरित किया। मेरे जीवन में भी कुछ असफलताएँ तथा वे क्षण आए, जब मुझे भारतीय वायुसेना की परीक्षा में सफलता नहीं मिली। इसके अलावा जीवन में घटित हुए कुछ नकारात्मक प्रभावों का असर कुछ समय के लिए तो मुझे विचलित कर सका; लेकिन इन सबका प्रभाव तब समाप्त हो जाता है, अगर व्यक्ति के मन में उच्च इच्छा-शक्ति हो। अगर आप धैर्यवान् होंगे तो अपने आप ही सभी परेशानियों का अंत हो सकेगा।

हाल ही में मेरे एक मित्र प्रो. अरुण तिवारी ने मुझसे एक अजीब सा प्रश्न पूछा, "कलाम साहब, क्या आप अपने जीवन की अब तक की जिंदगी का सार एक वाक्य में बता सकते हैं ?"

इस प्रश्न ने मुझे कुछ देर तक सोचने को मजबूर कर दिया। मैंने कहा, "अरुण, मेरी जिंदगी को इन कहावतों तथा शब्दों द्वारा

व्यक्त किया जा सकता है—बच्चे की जिंदगी को प्यार से भर देना, संघर्ष···और संघर्ष···खारे आँसू···इसके बाद मीठे आँसू···तथा अंत में सुंदर व पूर्ण चंद्रमा का आकाश में उदय होना।"

मैं आशा करता हूँ कि मेरे पाठक इन कहानियों द्वारा अपने सपनों को समझ पाएँगे और उन्हें हमेशा जाग्रत् रखेंगे।

(ए.पी.जे. अब्दुल कलाम)

आभार

'मेरी जीवन-यात्रा' घटनाओं से भरे जीवन का विवरण है। मेरे मित्र हैरी शेरिडॉन करीब बाईस वर्षों से मेरे साथ रहे हैं और अनेक घटनाओं के भागीदार बने हैं। उन्होंने मेरे साथ सुख और दुःख, दोनों झेले हैं। शेरिडॉन हर तरह के उतार-चढ़ावों में मेरे साथ रहे हैं और जब कभी मुझे जरूरत पड़ी, उन्होंने मेरी पूरी-पूरी सहायता की। ईश्वर उन्हें और उनके परिवार को सदैव सुखी रखे।

अनुक्रम

मेरे पिताजी की सुबह की सैर

जहाँ तक मुझे याद है, मेरे पिताजी जैनुलाबदीन का दिन सुबह 4 बजे से पहले ही आरंभ हो जाता था। वे घर में सबसे पहले उठते थे। सुबह की रोशनी से पहले वे नमाज पढ़ लेते थे। उसके बाद सुबह नारियल के बगीचों में लंबी सैर पर निकल जाते थे। हम छोटे से शहर रामेश्वरम में रहते हैं, जो कि तमिलनाडु में एक छोटा सा द्वीप है। भारत के दक्षिणी तट पर स्थित होने के कारण यहाँ जल्दी सुबह हो जाती है और हमारा दिन सूर्योदय, सूर्यास्त तथा समुद्र की लहरों के साथ आगे बढ़ता है।

समुद्र की मधुर आवाज हमारी जिंदगी का हिस्सा बन चुकी है। समुद्र में उठनेवाले तूफान अकसर मानसून के तीन महीनों में आते रहते हैं और हम इस उथल-पुथल के आदी हो जाते हैं। हम अपने पुराने पैतृक बड़े घर में रहते थे। उन्नीसवीं शताब्दी में यह चूना-पत्थर व ईंटों से बनाया गया था। बेशक इस घर में आधुनिक ऐशो-आराम के साधन न उपलब्ध हों, परंतु हमारा घर प्रेम-भाव से परिपूर्ण था। मेरे पिताजी का नाव बनाने का कारोबार था। इसके अलावा घर से 4 किलोमीटर दूर हमारे नारियल के बाग थे। यह मेरे पिताजी का रोज का रास्ता था। उनके घूमने का एक निश्चित मार्ग था, वे उस मार्ग से भटकते नहीं थे। सबसे पहले वे मसजिद वाली गली से निकलते थे, जहाँ हमारा

घर था। यह एक छोटी सी जगह थी, जहाँ कुछ मुसलिम परिवार रहते थे। यह इलाका शिव मंदिर के नजदीक था, जिसके कारण हमारा शहर सदियों से जाना जाता है। उसके बाद वह तंग गलियों से मुख्य मार्ग पर निकलते हुए, नारियल के बागानों से घूमते हुए आखिरकार अपने खेतों तक पहुँच जाते थे।

आज मैं कल्पना करता हूँ कि इन शांत रास्तों से गुजरते हुए उनके दिमाग में सुबह निकलने से पहले ही सारे परिवार की विभिन्न जरूरतें होती थीं। हमारा एक बड़ा परिवार था। मुझे अंदाजा है कि उनके दिमाग में भी इन जरूरतों के कारण दबाव बना रहता होगा; लेकिन सुबह के इन घंटों में मैं सोचता हूँ, वे शांत समुद्र की आवाज को महसूस करते थे। इसी तरह से सूर्य के निकलने से पहले सुनाई देनेवाली पक्षियों की चहचहाहट सुनते थे। वे पंछी भी मेरे पिताजी की तरह सुबह-सुबह दिन निकलने से पहले ही जाग जाते थे। शायद मेरे पिता अपनी प्रार्थना को खुद ही शांत भाव से सुनते थे। सुबह के वातावरण में लंबी सैर पर निकलते हुए ताजे दिमाग से उन आवश्यकताओं के बारे में विचार करते होंगे। मैंने उनसे कभी इस बारे में नहीं पूछा कि सुबह के शांत वातावरण में वे क्या सोचते हैं। वैसे भी,

आज मैं कल्पना करता हूँ कि इन शांत रास्तों से गुजरते हुए उनके दिमाग में सुबह निकलने से पहले ही सारे परिवार की विभिन्न जरूरतें होती थीं। हमारा एक बड़ा परिवार था। मुझे अंदाजा है कि उनके दिमाग में भी इन जरूरतों के कारण दबाव बना रहता होगा; लेकिन सुबह के इन घंटों में मैं सोचता हूँ, वे शांत समुद्र की आवाज को महसूस करते थे।

एक जवान बेटे के पास अपने पिता के बारे में यह सब सोचने का समय नहीं होता कि उनके दिमाग में क्या विचार घूम रहा है! लेकिन इस बात से मैं आश्वस्त हूँ कि सुबह की लंबी सैर से उनके व्यक्तित्व में शांत भाव बस गया था, जो अनजान लोगों के लिए भी वैसे ही बना रहताथा।

मेरे पिता बहुत पढ़े-लिखे नहीं थे। उन्होंने जिंदगी में कोई बहुत ज्यादा धन-दौलत नहीं कमाई थी। हाँ, वे एक अच्छे इनसान जरूर थे। उनके व्यवहार में सज्जनता देखी जा सकती थी, जहाँ तक मैं जानता हूँ। हमारी मसजिद एक केंद्र-बिंदु थी। मेरे पिता से मुसीबत के समय हर कोई सलाह लेता था। लोगों का मानना था कि उनका संबंध खुदा से जुड़ा हुआ था। मुझे याद है कि मैं उनके साथ मसजिद में नमाज के लिए जाता था। वे नहीं चाहते थे कि हम कभी भी इस नियम को तोड़ें और अपनी इस जिम्मेदारी से अलग हों। नमाज के बाद जब हम मुख्य मार्ग पर आते थे, लोगों का झुंड उनसे बात करने के लिए उत्सुक रहता था, ताकि वे अपनी समस्याओं को उनसे बाँट सकें।

मेरे पिता बहुत पढ़े-लिखे नहीं थे। उन्होंने जिंदगी में कोई बहुत ज्यादा धन-दौलत नहीं कमाई थी। हाँ, वे एक अच्छे इनसान जरूर थे। उनके व्यवहार में सज्जनता देखी जा सकती थी, जहाँ तक मैं जानता हूँ। हमारी मसजिद एक केंद्र-बिंदु थी। मेरे पिता से मुसीबत के समय हर कोई सलाह लेता था।

वे सब आदमी व औरतें न जाने उनमें ऐसा क्या आकर्षण देखते थे! वे न तो कोई ज्ञानी या उपदेशक थे, न ही कोई अध्यापक थे। वे केवल साधारण मनुष्य मात्र थे, जो धर्म में विश्वास रखते थे तथा धर्म

के नियमों से जुड़े हुए थे। न जाने वह क्या उन सब लोगों को देते थे! मैं अब सोचता हूँ कि उनकी तकलीफों को ध्यान से सुनने से ही उन लोगों को विश्वास हो जाता था कि वे उनके साथ हैं और उनका मन शांत हो जाता था। वे उन लोगों के लिए दुआ करते थे। कई लोग उन्हें पानी का कटोरा देते थे। वे उस कटोरे में अपनी उँगलियों के ऊपरी भाग को छुआकर दुआ करते थे। इसके बाद वह पानी उस बीमार आदमी को दे दिया जाता था। बाद में वह आदमी ठीक होकर अपने परिजन के साथ शुक्रिया अदा करने आता था।

मैं नहीं जानता कि वे ऐसा क्यों करते थे! न जाने कहाँ से उन्हें यह शांत भाव तथा सज्जनता प्राप्त हुई थी, जिसके कारण वे अपनी व्यस्त जीवनचर्या के बावजूद सबकी मदद करने आगे आते थे, उन्हें आराम देते थे, उनके लिए दुआ करते थे। वे एक नेक इनसान थे, जो नाव के कारोबार से जुड़े हुए थे।

मैं नहीं जानता कि वे ऐसा क्यों करते थे! न जाने कहाँ से उन्हें यह शांत भाव तथा सज्जनता प्राप्त हुई थी, जिसके कारण वे अपनी व्यस्त जीवनचर्या के बावजूद सबकी मदद करने आगे आते थे, उन्हें आराम देते थे, उनके लिए दुआ करते थे। वे एक नेक इनसान थे, जो नाव के कारोबार से जुड़े हुए थे। उनके साथ भी जीवन की कई परेशानियाँ थीं तथा जीना आसान नहीं था। इस ऐतिहासिक शिव मंदिर के छोटे से शहर में, जो कि मुख्य शहर से पूरी तरह से कटा हुआ था, अपनी जरूरतों को मुश्किल से पूरा कर रहे थे। मुझे याद नहीं आता कि उन्होंने अपने जीवन में किसी भी इनसान से, जो मदद के लिए आता था, उससे बात करने को मना कियाहो।

यकीनन बिना किसी शक के यह कहा जा सकता है कि वे पूरी तरह से आत्मिक ज्ञान से भरपूर थे और उनका सीधा संबंध खुदा से था। उन्हें धार्मिक ग्रंथों का ज्ञान था। वे पूछे जाने पर युवकों की शंका का निदान करते थे और उन्हें जरूरी सच्चाई से अवगत करवाते थे। जब मैं उनसे प्रश्न पूछता था, वे जवाब देने से झिझकते नहीं थे, हमेशा जवाब देते थे तथा सरल भाषा में शंका का निदान करते थे। वे सीधी-सरल तमिल भाषा में जवाब देते थे।

एक बार मैंने उनसे पूछा, "आपके पास ये लोग क्यों आते हैं? आप इनकी मदद के लिए क्या करते हैं?"

मुझे आज भी, पचास बरसों के बाद, उनकी वह बात याद है—

"जब कभी भी इनसान अपने को अकेला देखता है, वह निश्चित रूप से अपनी तकलीफ को दूसरों के साथ बाँटना चाहता है। वह उनसे अपनी सहायता की उम्मीद करना शुरू कर देता है। कोई भी नई परेशानी या लंबी तकलीफ अपने साथ खास मदद भी लेकर आती है तथा कोई मददगार आगे बढ़कर मदद के लिए आता है। मेरे पास जो लोग परेशानी या तकलीफ में आते हैं, मैं मददगार बनकर उनकी मदद के लिए आगे आता हूँ, ताकि नापाक ताकतों को दुआओं से दूर रखा जा सके।"

जब कभी भी इनसान अपने को अकेला देखता है, वह निश्चित रूप से अपनी तकलीफ को दूसरों के साथ बाँटना चाहता है। वह उनसे अपनी सहायता की उम्मीद करना शुरू कर देता है। कोई भी नई परेशानी या लंबी तकलीफ अपने साथ खास मदद भी लेकर आती है तथा कोई मददगार आगे बढ़कर मदद के लिए आता है।

इसके बाद उन्होंने मुझे दुआ की ताकत के बारे में बताया, जो इनसान को प्रभावित करती रहती है, जो हमेशा गूँजती रहती है तथा जो मेरे वैज्ञानिक अनुसंधान में बरसों से जुड़े रहने पर भी एक आश्चर्यजनक विषय था। उन्होंने कहा कि परेशानियों में बाहरी सहायता के लिए आशा अंतिम निर्णय नहीं हो सकता—“हमें समझना चाहिए कि हमारे अंदर कुदरत द्वारा भय से भरा भाव होता है तथा उसके साथ ही इस भय से मुकाबला करने की ताकत भी मौजूद होती है, जिससे भय पर विजय प्राप्त की जा सकती है। जब जीवन में परेशानी आए तो उससे होनेवाले प्रभाव व दर्द को परखने की आवश्यकता है। इस दर्द के साथ ही अंतरावलोकन या फिर कहें, आत्म-निरीक्षण की शक्ति भी होती है, जो उस परेशानी को दूर करने का मार्ग प्रशस्त कर सकती है।”

जीवन की कठिन परिस्थितियों में और असफलता के क्षणों में मुझे जीवन में अपने पिता से मिली सलाह मेरे अंदर ऊर्जा भर देती है। यह वह शक्ति बनकर आती है, जिससे मेरी हिम्मत बढ़ जाती है। मैंने अपने शहर रामेश्वरम से मीलों दूर यात्रा की थी।

जीवन की कठिन परिस्थितियों में और असफलता के क्षणों में मुझे जीवन में अपने पिता से मिली सलाह मेरे अंदर ऊर्जा भर देती है। यह वह शक्ति बनकर आती है, जिससे मेरी हिम्मत बढ़ जाती है। मैंने अपने शहर रामेश्वरम से मीलों दूर यात्रा की थी। मैंने उन स्थानों का भी दौरा किया, जिनकी मैंने कल्पना भी नहीं की थी। लड़ाकू विमानों के अंदर रहने के अलावा देश के उच्चतम पद पर आसीन होने तक मेरे दिमाग में हर समय उनके शब्द झंकृत होते रहते हैं, जो मेरे जीवन की शक्ति है।

"हम सबके जीवन में दिव्य शक्ति विद्यमान होती है, जो हमें नकारात्मक क्षणों में तथा दु:ख के पलों से उबरने की शक्ति देती है। अगर हम अपने मस्तिष्क को जाग्रत् कर लें और उस शक्ति को उजागर कर लें तो हमें सफलता का मार्ग मिल सकता है तथा हम उच्च स्थान प्राप्त कर सकते हैं। हमें अपनी सीमाओं से बाहर आकर अपने दिमाग में बसी उस शक्ति को उभारना है। इससे हमें खुशी व शांति प्राप्त हो सकती है।" मैं जब परेशानियों से घिरा होता हूँ, उस समय यह कल्पना मेरी हिम्मत बन जाती है।

मैं अब 82 वर्ष का हो चुका हूँ। पिताजी की तरह मेरा दिन भी सैर के साथ ही आरंभ होता है। मैं हर सुबह सूर्य की नई महक को महसूस करता हूँ, सूर्य के उदय होने से पहले की रोशनी को देखता हूँ, जो कि आकाश में सूरज के उगने से पहले फैल जाती है। इसी तरह से पंछियों की मीठी ध्वनि और सुबह की ठंडी-ठंडी हवा को महसूस करता हूँ। मैं समझता हूँ कि सुबह के कीमती पल हमें प्रकृति के नजदीक लेकर जाते हैं। हर सुबह इन खूबियों के साथ मिलकर फिर अलग हो जाती है। प्रकृति द्वारा हर रोज यह एक नाटक रचा गया होता है। मैं अपने को इन सबसे अलग नहीं रख सकता तथा

मैं अब 82 वर्ष का हो चुका हूँ। पिताजी की तरह मेरा दिन भी सैर के साथ ही आरंभ होता है। मैं हर सुबह सूर्य की नई महक को महसूस करता हूँ, सूर्य के उदय होने से पहले की रोशनी को देखता हूँ, जो कि आकाश में सूरज के उगने से पहले फैल जाती है। इसी तरह से पंछियों की मीठी ध्वनि और सुबह की ठंडी-ठंडी हवा को महसूस करता हूँ।

इसका भरपूर आनंद लेता हूँ। अपने पिता की तरह मैं विभिन्न शहरों में अपने काम से जाता रहता हूँ। सुबह की यह सुंदरता, शांत भाव हर शहर में एक जैसा ही मिलता है। मैं किसी भी शहर में क्यों न हूँ, मैं वहाँ विशाल पेड़ों को ढूँढ़ता हूँ, जो कई बरसों से विद्यमान हैं, जिन पर विभिन्न पक्षी रोज सुबह नए उत्साह से चहचहाते हैं तथा ठंडी हवा के झोंके पत्तों को हिलाते हैं। चाहे वह गरम दिन हो या फिर हलकी-हलकी ठिठुरन, मेरी साँस इस वातावरण के साथ घुल-मिल जाती है। इस साँस को खुले वातावरण में महसूस करने से जो आनंद की अनुभूति होती है, वह सारे दिन की परेशानियों और फिक्र को दूर रखती है और दिन की नई व सकारात्मक सोच सामने आती है।

मैं किसी भी शहर में क्यों न हूँ, मैं वहाँ विशाल पेड़ों को ढूँढ़ता हूँ, जो कई बरसों से विद्यमान हैं, जिन पर विभिन्न पक्षी रोज सुबह नए उत्साह से चहचहाते हैं तथा ठंडी हवा के झोंके पत्तों को हिलाते हैं। चाहे वह गरम दिन हो या फिर हलकी-हलकी ठिठुरन, मेरी साँस इस वातावरण के साथ घुल-मिल जाती है।

मेरे दिल्ली के आवास में अर्जुन का एक विशाल पेड़ है। मेरे कदम अपने आप ही उस पेड़ की तरफ बढ़ जाते हैं, जब मैं अपने बगीचे में घूमने निकलता हूँ। यह अकसर मधुमक्खियों के छत्तों से भरा रहता है तथा यहाँ सैकड़ों पक्षियों का घर है, विशेषत: यहाँ बहुत से तोते रहते हैं। इस पेड़ की सुंदरता, भव्यता व अस्तित्व मुझे मेरे पिता की याद दिलाता है और मैं चुपचाप इस पेड़ से बातें करता रहता हूँ। एक बार मैंने एक कविता लिखी थी। मैंने महसूस किया कि यह पेड़ मुझसे क्या कह रहा है—

'ओ मेरे दोस्त कलाम!
मैं तुम्हारे माँ-बाप की तरह सौ बरस पार कर चुका हूँ,
हर सुबह तुम एक घंटे तक मेरे साथ रहते हो,
मैं तुम्हें चाँदनी रातों में भी देखता हूँ,
तुम खयालों में डूबे टहलते हो,
मेरे दोस्त! मैं तुम्हारे विचारों व भावों को जानता हूँ,
'मैं तुम्हें क्या दे सकता हूँ?'...

(द ग्रेट ट्री इन माई होम)

मैं कहीं भी चला जाऊँ, मेरी जिंदगी मुझे हमेशा मेरे पिता जैनुलाबदीन के साथ जोड़े रहती है। मेरे दिमाग में उनकी छवि एक सरल आदमी की है, जो उम्र के इस पड़ाव पर सुबह नारियल के बगीचों में घूमता रहता है। मैं उन्हें देखकर कल्पना करता हूँ कि वे किस तरह से अपने पूरे दिन में एक घंटा इन बगीचों की देखभाल में गुजारते हैं। जब मेरे पिताजी इन बगीचों में पहुँचते हैं तो वहाँ के लोग उनसे गर्मजोशी से मिलते हैं। वहाँ एक सुखद वातावरण बन जाता है। एक जगह कुछ देर के लिए जैनुलाबदीन कहीं बैठ जाते हैं। एक आदमी नारियल के पेड़ पर चढ़ता है। वह अपने चाकू से लगभग आधे दर्जन नारियल काटता है। नारियल 'धम्म' की

मैं कहीं भी चला जाऊँ, मेरी जिंदगी मुझे हमेशा मेरे पिता जैनुलाबदीन के साथ जोड़े रहती है। मेरे दिमाग में उनकी छवि एक सरल आदमी की है, जो उम्र के इस पड़ाव पर सुबह नारियल के बगीचों में घूमता रहता है। मैं उन्हें देखकर कल्पना करता हूँ कि वे किस तरह से अपने पूरे दिन में एक घंटा इन बगीचों की देखभाल में गुजारते हैं।

आवाज से नीचे गिरते हैं। वह आदमी नीचे उतरकर आता है और उन नारियलों को ठीक तरह से एक बंडल में बाँधता है। अब दो आदमी कुछ देर तक बातचीत करते हैं। अकसर इन पेड़ों के बारे में बातें करते हैं। वे आकाश की तरफ नजर उठाकर बारिश के बारे में बातें करते हैं और खाद तथा खेती की धरती के बारे में बातें करते हैं। आखिरकार जैनुलाबदीन अपने नारियल के बंडलों को उठाते हैं तथा 'अलविदा' कहकर अपने घर की ओर आगे बढ़ जाते हैं। वे रास्ते में कुछ नारियल अपने जान-पहचानवालों को देते हैं और कुछ अपने पड़ोसियों को दे देते हैं। बाकी के नारियलों को वे मेरी माँ को कढ़ी और चटनी में डालने के लिए दे देते हैं। मेरे दिमाग में अभी भी वे पल जीवित हैं, जब मैं नीचे बैठकर अपनी माँ के हाथों का बना हुआ स्वादिष्ट भोजन खाता था। एक पत्तल में मेरी माँ चटनी परोसकर देती थीं, जिसका स्वाद आज भी मेरी स्मृति के साथ जुड़ा हुआ है। उस चटनी का स्वाद मुझे आज भी नहीं भूलता। उस स्वाद को मैं आज भी महसूस करता हूँ, क्योंकि उसमें मेरे माता-पिता की यादें बसी हुई थीं। उसमें उनकी कड़ी मेहनत व दुलार की खुशबू थी।

आखिरकार जैनुलाबदीन अपने नारियल के बंडलों को उठाते हैं तथा 'अलविदा' कहकर अपने घर की ओर आगे बढ़ जाते हैं। वे रास्ते में कुछ नारियल अपने जान-पहचानवालों को देते हैं और कुछ अपने पड़ोसियों को दे देते हैं। बाकी के नारियलों को वे मेरी माँ को कढ़ी और चटनी में डालने के लिए दे देते हैं।

□

एक नाव

रामेश्वरम द्वीप पर जीवन बिताना आनंदकारी था; यहाँ मैं बड़ा हुआ। समुद्र हमारे जीवन का महत्त्वपूर्ण हिस्सा था। इसकी ऊँची-ऊँची लहरें, लहरों का बार-बार उठना; इसी तरह से पंबन पुल से रेलगाड़ियों की आने-जाने की आवाज मेरे जीवन के साथ जुड़ गई थी। पंछियों का आवागमन तथा उनकी चहचहाहट, हवाओं में नमक की मौजदूगी—ये सभी चीजें मेरे बचपन का हिस्सा थीं। इसके साथ ही सागर का विस्तृत स्वरूप हमारे इर्द-गिर्द बसा हुआ था। हमारा और हमारे पड़ोसियों का जीवन-यापन करने का यह एक साधन भी था। हम सबका किसी-न-किसी रूप में इस समुद्र से रिश्ता बना हुआ था, चाहे वह मछुआरों के रूप में हो या फिर नाव के मालिक के तौर पर।

मेरे पिता भी 'फेरी' से रामेश्वरम तथा धनुषकोडि के बीच यात्रियों को लेकर जाते थे, जो कि लगभग 22 किलोमीटर का रास्ता है। मुझे आज भी याद है कि उन्हें इसका विचार कब आया और हमने कैसे नाव बनाई थी!

रामेश्वरम प्राचीन काल से एक प्रसिद्ध तीर्थ-स्थान रहा है। ऐसी मान्यता है कि रामचंद्रजी ने सीता को रावण से छुड़ाने के लिए यहीं से लंका तक पुल बनाया था। रामेश्वरम का मंदिर भगवान् शिव को

समर्पित है तथा इस मंदिर में लिंग का स्वरूप सीताजी ने ही रचा था। 'रामायण' के अनुसार, लंका से वापस अयोध्या लौटते समय लक्ष्मण तथा सीता के साथ राम यहाँ रुके थे और उन्होंने यहाँ पूजा कीथी।

लोग जब हमारे शहर रामेश्वरम में यात्रा के लिए आते हैं तो वे धनुषकोडि भी अवश्य जाते हैं। इसे सफल यात्रा के लिए शुभ माना गया है। सागर-संगम में स्नान को भी शुभ माना गया है। बंगाल की खाड़ी तथा हिंद महासागर का मिलन स्थल 'सागर संगम' है। धनुषकोडि अब सड़क के रास्ते भी रामेश्वरम से जुड़ चुका है। वैन द्वारा यात्री दर्शन के लिए यहाँ आते-जाते हैं। लेकिन जब मैं छोटा था तब 'फेरी' यात्रा का सुविधाजनक साधन था। इससे आसानी से इस द्वीप पर पहुँचा जा सकता था।

लोग जब हमारे शहर रामेश्वरम में यात्रा के लिए आते हैं तो वे धनुषकोडि भी अवश्य जाते हैं। इसे सफल यात्रा के लिए शुभ माना गया है। सागर-संगम में स्नान को भी शुभ माना गया है। बंगाल की खाड़ी तथा हिंद महासागर का मिलन स्थल 'सागर संगम' है।

मेरे पिताजी ने जब इस कारोबार के बारे में सोचा तो इसके लिए साधनों को जुटा पाना बहुत मुश्किल था। उन्होंने खुद ही समुद्र के किनारे नाव बनाने का निर्णय ले लिया।

नाव को कैसे बनाया जाता है, यह मेरे लिए अचरज की बात थी, जिसे मैं बड़े उत्साह से देख रहा था। किस तरह से लकड़ी तथा धातु के टुकड़ों को इकट्ठा किया गया, यह मेरे लिए इंजीनियरिंग के क्षेत्र में जाने से पहले का अनोखा अनुभव था। मेरे दूर के रिश्ते के भाई

अहमद जलालुद्दीन मेरे पिताजी की सहायता के लिए रोज आते थे। मैं पूरी उत्सुकता से इंतजार कर रहा था कि कब यह नाव पूरी तरह से तैयार हो जाए तथा मैं इस नाव को देख सकूँ! लकड़ी के टुकड़ों को विभिन्न आकारों में काटा गया, सुखाया गया तथा उनको समतल बनाकर एक साथ जोड़ा गया। रामेश्वरम की जलावनवाली लकड़ी से विभाजन के लिए दीवार आदि बनाई गई। धीरे-धीरे उस नाव का धरातल, उसकी इर्द-गिर्द की दीवारें और पतवारों को मेरी आँखों के सामने बनाया गया। कई बरसों बाद मैंने इसी प्रेरणा से रॉकेट व मिसाइल बनाना सीखा। कठिन गणित का अध्ययन एवं वैज्ञानिक अनुसंधान मेरे भविष्य में कारगर साबित हुए। कौन कह सकता है कि नाव को सागर में उतारना और यात्रियों व मछुआरों को एक स्थान पर लेकर जाना तथा वापस लाना किसी महत्त्वपूर्ण और यादगार उपलब्धि से कम नहीं था।

नाव का निर्माण करना मेरे लिए दूसरी वजह से लाभदायक साबित हुआ था। इस दौर में अहमद जलालुद्दीन मेरे जीवन में आए। वह आयु में मुझसे कुछ बड़े थे, परंतु हम अच्छे मित्र बन चुके थे। वह जान चुके थे कि मैं कुछ नया जानना-सीखना चाहता था।

नाव का निर्माण करना मेरे लिए दूसरी वजह से लाभदायक साबित हुआ था। इस दौर में अहमद जलालुद्दीन मेरे जीवन में आए। वह आयु में मुझसे कुछ बड़े थे, परंतु हम अच्छे मित्र बन चुके थे। वह जान चुके थे कि मैं कुछ नया जानना-सीखना चाहता था। वह मेरी बातों को ध्यान से सुनते थे और अपनी सही सलाह देते थे। उन्हें अंग्रेजी लिखना व पढ़ना आता था, इसलिए वह मुझसे वैज्ञानिकों,

उनके अनुसंधान, साहित्य और चिकित्सा से जुड़े विषयों पर बातचीत करते थे। उनके साथ रामेश्वरम की गलियों में घूमते हुए, समुद्र-तट पर टहलते हुए तथा नाव के पूरी तरह से बनने के बाद उसमें बैठकर मैं विभिन्न विषयों के बारे में चर्चा करता रहता था। अब मेरे दिमाग में नए विचार व लक्ष्य घुमड़नेलगे।

नाव का कारोबार अच्छा व्यवसाय बन गया था। मेरे पिताजी ने इस कार्य के लिए कुछ लोगों को नियुक्त किया। वे यात्रियों के झुंड को धनुषकोडि तक लेकर जाते थे, फिर लौटाकर लाते थे। मैं कुछ देर तक उस चालक दल के साथ बैठ जाता था तथा लोगों के साथ घूमने निकल जाता था।

नाव का कारोबार अच्छा व्यवसाय बन गया था। मेरे पिताजी ने इस कार्य के लिए कुछ लोगों को नियुक्त किया। वे यात्रियों के झुंड को धनुषकोडि तक लेकर जाते थे, फिर लौटाकर लाते थे। मैं कुछ देर तक उस चालक दल के साथ बैठ जाता था तथा लोगों के साथ घूमने निकल जाता था। मैंने भगवान् राम की कहानी सुनी थी कि किस तरह से उन्होंने वानरों की सेना द्वारा पुल का निर्माण किया था और किस तरह से सीता को वापस लाकर वे एक बार रामेश्वरम में रुके थे, जहाँ उन्होंने रावण का वध करने के बाद पश्चात्ताप किया और किस तरह से हनुमानजी को उत्तरी दिशा में पर्वतों से शिवलिंग लाने को कहा; लेकिन जब वे बहुत बड़ा शिवलिंग लेकर आए तो उन्होंने उसे स्वीकार नहीं किया। तब सीताजी ने अपने हाथों से शिवलिंग बनाया तथा विधिपूर्वक उसकी पूजा-अर्चना की। इसी तरह से कई अन्य कहानियाँ मैंने विभिन्न लोगों से सुनीं, जो कि

देश भर से आकर हमारी 'फेरी' में यात्रा करते थे। एक छोटा बालक सदैव उन यात्रियों का स्वागत करता था, यात्रा पर निकले लोग अपने अनुभव बाँटतेथे।

इस तरह साल गुजरते गए। मेरे स्कूल शिक्षकों तथा अहमद जलालुद्दीन ने विभिन्न विषयों के बारे में मुझे बताया। मेरे लिए वह नाव तथा उससे जुड़े यात्री कम महत्त्वपूर्ण नहीं थे। इस तरह लहरों तथा रेत, कहानियों और ठहाकों के साथ दिन गुजरते जा रहे थे। फिर अचानक एक दिन एक संकट आ गया।

अकसर बंगाल की खाड़ी में लगातार तूफान आते रहते हैं। ज्यादातर नवंबर व मई के महीनों को खतरनाक माना जाता था। मुझे आज भी याद है वह खौफनाक रात, जब उस तट पर तूफान ने दस्तक दी थी। हवाओं ने कुछ दिनों तक अपनी रफ्तार बढ़ा रखी थी, जब तक उसने भीषण आँधी का रूप नहीं ले लिया था।

अकसर बंगाल की खाड़ी में लगातार तूफान आते रहते हैं। ज्यादातर नवंबर व मई के महीनों को खतरनाक माना जाता था। मुझे आज भी याद है वह खौफनाक रात, जब उस तट पर तूफान ने दस्तक दी थी। हवाओं ने कुछ दिनों तक अपनी रफ्तार बढ़ा रखी थी, जब तक उसने भीषण आँधी का रूप नहीं ले लिया था। वह आँधी चीखती हुई तथा सीटी बजाती हुई भयंकर रूप धारण कर चुकी थी और अपने मार्ग में आनेवाले विशाल पेड़ों को तथा भारी-भारी वस्तुओं को बरबाद करती हुई आगे बढ़ती जा रही थी। इसके बाद जोरों की बारिश आरंभ हो चुकी थी। हम अपने घरों में पहुँच चुके थे। उन दिनों घरों में

बिजली नहीं थी। उस भयंकर तूफान में लैंप भी कामयाब नहीं हो पा रहे थे और बुझते जा रहे थे। इस भयंकर रात में तेज हवाओं का शोर पूरे जोरों पर था तथा बारिश का पानी पूरे वेग से नीचे गिर रहा था। हम सब मिल-जुलकर उस भयंकर रात के गुजर जाने का इंतजार कर रहे थे। मेरे विचार बार-बार खुले सागर की ओर जा रहे थे—कहीं इस तूफान में कोई फँस तो नहीं गया है! इस भयंकर तूफान में अगर कोई अपनी माँ के वात्सल्य व दुलार से वंचित हो तो उसकी क्या स्थिति होगी?

> ***अगली सुबह तूफान के गुजर जाने पर हमने बेचैन करनेवाला नुकसान देखा, जो हर तरफ फैला हुआ था। हर तरफ टूटे हुए घर, पेड़-पौधे बुरी तरह से टूट चुके थे तथा जड़ से उखड़ चुके थे। कई मार्ग नष्ट हो चुके थे। हवाओं के वेग से कूड़ा इधर-उधर बिखरा हुआ था। इन हवाओं की रफ्तार लगभग 100 मील प्रति घंटा थी।***

अगली सुबह तूफान के गुजर जाने पर हमने बेचैन करनेवाला नुकसान देखा, जो हर तरफ फैला हुआ था। हर तरफ टूटे हुए घर, पेड़-पौधे बुरी तरह से टूट चुके थे तथा जड़ से उखड़ चुके थे। कई मार्ग नष्ट हो चुके थे। हवाओं के वेग से कूड़ा इधर-उधर बिखरा हुआ था। इन हवाओं की रफ्तार लगभग 100 मील प्रति घंटा थी। हमें सबसे अधिक आहत करनेवाली मुसीबत यह आई कि हमारी नाव, जिसे हमने बहुत मेहनत से बनाया था, बह चुकी थी। मुझे लगता है कि हमारे पिताजी को इसका अहसास एक रात पहले ही हो गया था। हम तूफान के रुकने का इंतजार कर रहे थे। उन्होंने अपनी जिंदगी में कई भयंकर तूफान देखे

थे। वे हम बच्चों को शांत रहने तथा आराम से सोने के लिए कह रहे थे। सुबह मैंने अपने पिताजी की आँखों में चिंता के भाव देखे थे। उनके चेहरे पर परेशानी के भाव थे। मेरे दिमाग में उस गुम हुई नाव का दुःख बना हुआ था। मुझे लग रहा था कि जिस वस्तु को हमने कड़ी मेहनत से बनाया था और जो हमारे जीने का सहारा थी, वह कैसे अचानक गुम हो गई!

फिर भी पिताजी का आत्मसंयम देखते ही बनता था, जो हमें इस संकट के बाद भी नजर आया। कुछ समय बाद एक दूसरी नाव आ गई और फिर दोबारा से वही कारोबार आरंभ कर दिया गया। फिर से वही यात्री व तीर्थयात्री आने शुरू हो गए थे। दोबारा से मंदिर व मसजिद आबाद होने लगे थे। उसी तरह से बाजारों में लोग फिर से खरीदारी करने लगे थे।

समुद्र में तूफान आते ही रहते थे। मैंने इन तूफानी रातों में रहना सीख लिया था। कुछ साल बाद, सन् 1964 में, जब मैं रामेश्वरम में नहीं रहता था, एक बहुत भयंकर समुद्री तूफान आया, जिसने धनुषकोडि का अधिकतम भाग बहा दिया। पंबन पुल के पास एक ट्रेन बहुत से यात्रियों के साथ बह गई।

समुद्र में तूफान आते ही रहते थे। मैंने इन तूफानी रातों में रहना सीख लिया था। कुछ साल बाद, सन् 1964 में, जब मैं रामेश्वरम में नहीं रहता था, एक बहुत भयंकर समुद्री तूफान आया, जिसने धनुषकोडि का अधिकतम भाग बहा दिया। पंबन पुल के पास एक ट्रेन बहुत से यात्रियों के साथ बह गई। इस घटना ने धनुषकोडि की भौगोलिक स्थिति को बदल दिया था, जो अब पूरी तरह से नष्ट हो गया था। अब वह अपनी

पुरानी स्थिति पर नहीं आ सका था। आज भी कुछ टूटे हुए मकान वर्ष 1964 के तूफान के गवाह हैं।

मेरे पिताजी ने इस तूफान के बाद एक और 'फेरी' खो दी। अब उन्हें दोबारा से अपना कार्य शुरू करना था। मैं अब इस कार्य में उनकी सहायता नहीं कर पा रहा था, क्योंकि मैं अब उस वातावरण से काफी दूर चला गया था। मैं जब भी 'सैटेलाइट लॉञ्च व्हीकल' (एस.एल.वी.) रॉकेट, 'पृथ्वी' तथा 'अग्नि' मिसाइल की परेशानियों से गुजरता था या फिर अंतिम क्षणों में किसी समस्या से जूझना पड़ता था अथवा फिर बंगाल की खाड़ी, चाँदीपुर तथा थुंबा में बारिश के कारण उड़ान स्थगित करनी पड़ती थी, मुझे उस समय अपने पिताजी का चिंताजनक चेहरा नजर आता था, जो तूफानों के बाद की स्थिति को देखने के बाद सामने आता था। इसे प्रकृति की शक्ति का स्वरूप ही कहा जा सकता है, जिसके आगे मानवीय सोच व कार्यक्रम असफल हो जाते हैं। समुद्र-तट पर रहनेवाले लोग किस तरह प्रकृति के कोप को झेलते हैं! पलक झपकते ही हमारे सारे सपने तथा लक्ष्य धूमिल हो जाते हैं। परंतु यह तो जीवन है, इसलिए दोबारा से कमर कसकर अपने काम में जुट जाना है और अपने जीवन का निर्माण करना है।

□

आठ बरस का कमाऊ लड़का

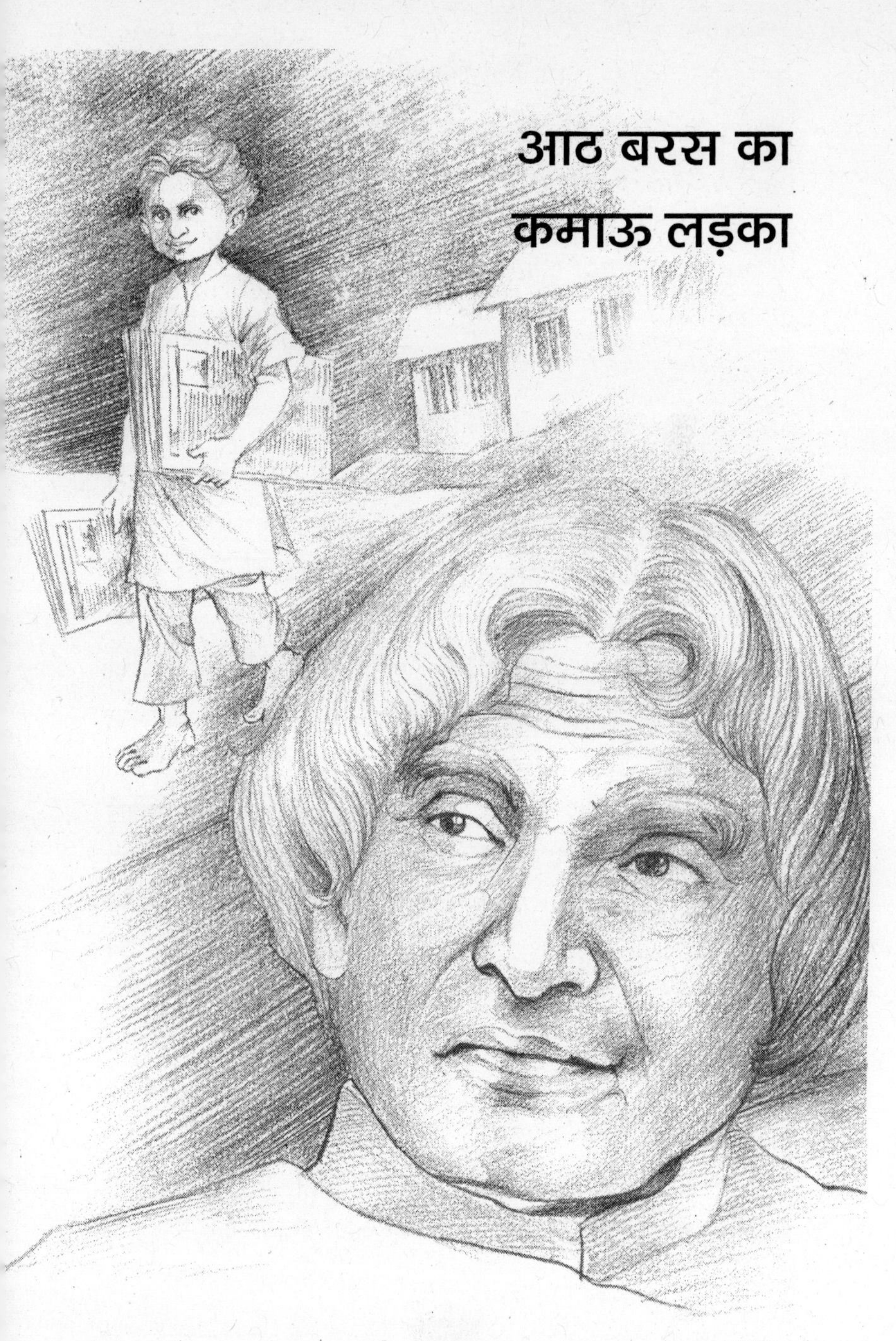

हर सुबह मेरे पास अंग्रेजी और तमिल भाषा के अखबारों का बंडल आता था। अपनी विदेश-यात्रा के दौरान मैं भारत के समाचारों से जुड़ा रहता था। मैं ऑनलाइन जाकर विभिन्न समाचारों व संपादकीयों से जुड़ा रहता था। किसी भी तरह की सूचना को उँगली दबाकर झट से हासिल कर लिया जाता था। वैसे, इंजीनियरिंग तथा विज्ञान से संबंध होने के कारण मेरे लिए यह कोई आश्चर्य की बात नहीं थी, लेकिन अब आज की जीवन-शैली तथा 70 साल पहले की जिंदगी, जो कि दक्षिण भारत के छोटे से शहर से जुड़ी हुई थी, इस अंतर को देखकर अचरज होताहै।

मेरा जन्म सन् 1931 में हुआ था। मैं जब 8 साल का था, दूसरा विश्व युद्ध आरंभ ही हुआ था। ब्रिटेन ने नाजी जर्मनी से युद्ध की घोषणा कर दी थी और भारतीय कांग्रेस के विरोध के बावजूद भारत को ब्रिटेन की ओर से युद्ध में शामिल होना पड़ा। इस युद्ध में भारतीय सैनिकों को दुनिया के विभिन्न क्षेत्रों में भेजा गया था। भारत के दक्षिणी कोने में रहने के कारण हम पर इस युद्ध का कोई खास प्रभाव नहीं देखा गया।

जैसा कि मैंने पहले भी लिखा था, रामेश्वरम 1940 तक एक

लुप्तप्राय छोटा सा शहर था, जो कि तीर्थ-यात्रियों के आने के बाद प्रसिद्ध हुआ। यह शहर ज्यादातर व्यापारियों या छोटे उद्योगों का शहर था। यह शहर शिव मंदिर के कारण प्रसिद्ध हुआ; वैसे इस शहर में मसजिद और चर्च भी थे। यहाँ के निवासी शांतिपूर्वक जीवन बिता रहे थे। अन्य शहरों व गाँवों की तरह इस शहर में दंगे नहीं भड़कते थे।

हमारे शहर में बाहरी जानकारी प्राप्त करने का एक ही साधन अखबार था। अखबारों को लोगों तक पहुँचाने का कार्य मेरे चचेरे भाई शम्सुद्दीन की एजेंसी द्वारा किया जाता था। जलालुद्दीन की तरह मेरे जीवन पर मेरे इस भाई का भी अच्छा प्रभाव पड़ा था। यद्यपि वह लिख-पढ़ सकते थे, परंतु उन्होंने कोई उच्च शिक्षा प्राप्त नहीं की थी और न ही वह जगह-जगह यात्रा कर सकते थे। फिर भी उनका मुझसे बहुत स्नेह था। वह मुझे कई कार्यों के लिए प्रेरित करते रहते थे। यह भी कहा जा सकता है कि वह मेरे लिए ज्ञान का स्रोत थे। ये दोनों व्यक्ति मेरे विचारों व ध्येयों को कार्यान्वित करने के पहले ही समझ जाते थे। मेरे विचार में, उनका क्षेत्र सिर्फ अपने व्यापार तक ही सीमित नहीं था, वे विस्तृत विश्व की जानकारी रखते थे।

हमारे शहर में बाहरी जानकारी प्राप्त करने का एक ही साधन अखबार था। अखबारों को लोगों तक पहुँचाने का कार्य मेरे चचेरे भाई शम्सुद्दीन की एजेंसी द्वारा किया जाता था। जलालुद्दीन की तरह मेरे जीवन पर मेरे इस भाई का भी अच्छा प्रभाव पड़ा था।

शम्सुद्दीन की एजेंसी ही रामेश्वरम में अखबार बाँटती थी। इस शहर में लगभग 1,000 शिक्षित व्यक्ति थे, वह उन सबको अखबार

बेचते थे। उन अखबारों में स्वतंत्रता संग्राम से जुड़ी जानकारियाँ सुर्खियों में दी जाती थी। उन समाचारों को लोग रुचि लेकर पढ़ते थे और उनपर चर्चा भी की जाती थी। इन समाचार-पत्रों में युद्ध से जुड़ी खबरें भी छपती थीं, जिनमें हिटलर व नाजी सैनिकों का भी विवरण दिया जाता था। इनके अलावा अन्य साधारण समाचार भी छपते थे, जिनमें ज्योतिष से संबंधित विषय या सोने-चाँदी के भाव छपते थे, जिन्हें पाठकों द्वारा पसंद किया जाता था। तमिल पेपर 'दीनामनी' सबसे चर्चित समाचार-पत्र था।

रामेश्वरम में समाचार-पत्रों के पहुँचने का एक अलग ही ढंग था। वे समाचार-पत्र रोज सुबह रेलगाड़ी से रामेश्वरम स्टेशन पर पहुँच जाते थे। स्टेशन से वे अखबार पाठकों तक भेजे जाते थे। यह शम्सुद्दीन का कार्य था, जिसे वह पूरी मेहनत से निभा रहे थे।

रामेश्वरम में समाचार-पत्रों के पहुँचने का एक अलग ही ढंग था। वे समाचार-पत्र रोज सुबह रेलगाड़ी से रामेश्वरम स्टेशन पर पहुँच जाते थे। स्टेशन से वे अखबार पाठकों तक भेजे जाते थे। यह शम्सुद्दीन का कार्य था, जिसे वह पूरी मेहनत से निभा रहे थे। दूसरे विश्व युद्ध की रोज की गतिविधियों से हम अवगत हो रहे थे और समाचार-पत्रों के वितरण के कार्य ने मेरे जीवन को भी अनोखे ढंग से प्रभावित किया था।

युद्ध के कारण ब्रिटिश सरकार ने विभिन्न प्रतिबंध तथा खाद्य वस्तुओं पर राशनिंग लगा रखी थी। इस काल को आपातकाल भी कहा जा सकता था, जो कि पूरे देश में लागू था। हमारे बड़े परिवार को भी विभिन्न परिस्थितियों से गुजरना पड़ रहा था। कपड़े, खाने की वस्तुओं

आदि का प्रबंध करना भी मुश्किल हो गया था। हमारे परिवार में पिताजी के पाँच बेटे व बेटियाँ थीं। इसके अलावा मेरे पिताजी के भाइयों के परिवार के सदस्य भी थे। मेरी दादी तथा मेरी माँ की यही कोशिश होती थी कि किसी तरह से सबको सभी वस्तुएँ प्राप्त हों, सबकी ठीक तरह से देख-रेख हो और सबका स्वास्थ्य अच्छा रहे।

अब युद्ध का प्रभाव हमारे जीवन पर भी पड़ा। शम्सुद्दीन एक अच्छी सलाह लेकर आए थे, जिससे मैं प्रसन्न तथा उत्साहित हो रहा था। सरकार ने हमारे स्टेशन पर ट्रेन रोकना बंद कर दिया था। हम नगरवासियों के लिए समाचार-पत्र प्राप्त करना मुश्किल हो रहा था। अब किस तरह से ये समाचार-पत्र प्राप्त किए जाएँ, ताकि लोगों को अखबार मिल सकें और वे रोज की गतिविधियों से अवगत हो सकें, यह एक गंभीर विषय था। शम्सुद्दीन ने एक सलाह दी—अखबारों के बंडल तैयार रखे जाएँ। जब गाड़ी रामेश्वरम-धनुषकोडि मार्ग पर पहुँचे तो अखबारों के बंडल स्टेशन पर फेंक दिए जाएँ। अब मुझे इस कार्य से जोड़ा गया था, जो मेरे लिए अधिक रुचिकर था। मुझे रोज सुबह उन बंडलों को चलती रेलगाड़ी से लेना था और उन्हें शहर में लोगों में बाँटना था।

अब युद्ध का प्रभाव हमारे जीवन पर भी पड़ा। शम्सुद्दीन एक अच्छी सलाह लेकर आए थे, जिससे मैं प्रसन्न तथा उत्साहित हो रहा था। सरकार ने हमारे स्टेशन पर ट्रेन रोकना बंद कर दिया था। हम नगरवासियों के लिए समाचार-पत्र प्राप्त करना मुश्किल हो रहा था।

मेरी उत्सुकता की कोई सीमा नहीं थी। मैं केवल आठ वर्ष का

था और मैं निश्चित रूप से घर में अपना छोटा सा योगदान दे सकता था। मैं कई दिनों से देख रहा था कि मेरी दादी एवं माँ की थाली में भोजन धीरे-धीरे कम होता जा रहा था, क्योंकि वे अधिकतर भोजन हम सब में बाँट देती थीं। बच्चों को खाने की वस्तुएँ सबसे पहले परोसी जाती थीं। मुझे नहीं याद कि किसी भी बच्चे को भूखा रखा जाता था। ज्यादातर औरतें अपने लिए समझौता करती थीं। मैंने शम्सुद्दीन की सलाह उत्साहपूर्वक मान ली।

मुझे निश्चित रूप से अपनी नई नौकरी के समय को अपनी दिनचर्या के साथ जोड़ना था। मेरी पढ़ाई तथा स्कूल इसी तरह से चलते रहना था; लेकिन अखबार बाँटने का काम मेरे अन्य कार्यों के साथ जुड़ गया था। मेरे छोटे भाइयों तथा मेरे चचेरे भाइयों के मुकाबले मेरी रुचि गणित में अधिक थी, इसलिए मेरे पिता ने हमारे गणित के अध्यापक के पास मेरे लिए गणित की ट्यूशन पर जाने का इंतजाम किया था।

मुझे निश्चित रूप से अपनी नई नौकरी के समय को अपनी दिनचर्या के साथ जोड़ना था। मेरी पढ़ाई तथा स्कूल इसी तरह से चलते रहना था; लेकिन अखबार बाँटने का काम मेरे अन्य कार्यों के साथ जुड़ गया था। मेरे छोटे भाइयों तथा मेरे चचेरे भाइयों के मुकाबले मेरी रुचि गणित में अधिक थी, इसलिए मेरे पिता ने हमारे गणित के अध्यापक के पास मेरे लिए गणित की ट्यूशन पर जाने का इंतजाम किया था। हमारे अध्यापक ने हमें हिदायत दी थी कि हम चार विद्यार्थियों को सुबह नहाकर उनके यहाँ पहुँचना होगा। लगभग एक साल तक, जब तक मैंने उनसे ट्यूशन ली थी, मैं सुबह-

सुबह उठकर और नहाकर वहाँ पहुँच जाता था। मेरी माँ मुझे अँधेरे में ही उठा देती थीं। वे मुझसे पहले उठकर, मुझे नहलाकर हमारे अध्यापक के पास भेज देती थीं। मैं वहाँ एक घंटे, सुबह 5 बजे तक, पढ़ता था। उसके बाद पास के अरबी स्कूल में 'कुरान शरीफ' सीखताथा।

मैं 'कुरान' की क्लास के बाद स्टेशन की ओर रुख करता था। वहाँ पहुँचकर मैं उत्सुकता से गाड़ी का इंतजार करता था। मैं इधर–उधर उछलता हुआ अपनी आँखें व कानों को खोलकर आनेवाली रेलगाड़ी का इंतजार करता रहता था। अन्य ट्रेनों की तरह वह रेलगाड़ी बहुत कम लेट आती थी। इंजन के धुएँ को दूर से ही देखकर मैं सावधान हो जाता था। इंजन के हॉर्न की आवाज बहुत तेजी से सुनाई देती थी। उस शोर के बाद गाड़ी रामेश्वरम स्टेशन से गुजरती थी। मैंने हवा में लहराते हुए उन समाचार-पत्र के बंडलों को पकड़ने के लिए एक उपयुक्त स्थान खोज निकाला था। स्टेशन से गुजरते हुए ट्रेन के अंदर से निश्चित समय पर अखबारों के बंडल उछाले जाते थे। इसके बाद ट्रेन दूर, बहुत दूर चली जाती थी। शम्सुद्दीन के आदमी हाथ हिलाते हुए वहाँ से गुजर जाते थे। उस समय गाड़ी की रफ्तार कम होती थी। ट्रेन की सीटी की आवाज कम होते ही मेरा काम शुरू हो जाता था।

मैं 'कुरान' की क्लास के बाद स्टेशन की ओर रुख करता था। वहाँ पहुँचकर मैं उत्सुकता से गाड़ी का इंतजार करता था। मैं इधर-उधर उछलता हुआ अपनी आँखें व कानों को खोलकर आनेवाली रेलगाड़ी का इंतजार करता रहता था। अन्य ट्रेनों की तरह वह रेलगाड़ी बहुत कम लेट आती थी।

मैं अब उन बंडलों को उठाता था और उन्हें दूरी के अनुसार छाँट लेता था, ताकि उन्हें सुविधा से बाँटा जा सके। लगभग एक घंटे में मैं पूरे रामेश्वरम शहर में हर किसी को अखबार बाँट देता था। मैं लोगों को उनके द्वारा पढ़े जानेवाले अखबार के नाम से पहचानने लगा था। कुछ लोग उत्सुकता से मेरा इंतजार करते रहते थे। वे मुझसे स्नेहपूर्वक बातें करते थे। इसके बाद मैं घर की तरफ आगे बढ़ जाता था। कुछ लोग मुझे जल्दी स्कूल जाने को कहते थे, ताकि मैं स्कूल में लेट न हो जाऊँ। मुझे लगता था कि अधिकतर लोगों को 8 साल के हँसमुख लड़के द्वारा अखबार पहुँचाना अच्छा लगता था।

मैं अब उन बंडलों को उठाता था और उन्हें दूरी के अनुसार छाँट लेता था, ताकि उन्हें सुविधा से बाँटा जा सके। लगभग एक घंटे में मैं पूरे रामेश्वरम शहर में हर किसी को अखबार बाँट देता था। मैं लोगों को उनके द्वारा पढ़े जानेवाले अखबार के नाम से पहचानने लगा था। कुछ लोग उत्सुकता से मेरा इंतजार करते रहते थे।

हमारा शहर पूर्वी तट पर होने की वजह से मेरे इस काम से वापस लौटने, यानी सुबह 8 बजे तक, सूरज आकाश में काफी ऊँचाई तक आ जाता था। मैं तब तक घर पहुँच जाता था। मेरी माँ मेरे लिए नाश्ता बनाकर मेरा इंतजार कर रही होती थीं। मेरे लिए साधारण सा नाश्ता बनाया जाता था, जिसे वे मुझे देती थीं और भूख की वजह से बड़े स्वाद से मैं इस नाश्ते का आनंद उठाता था। मेरी माँ मेरे सामने बैठकर देखती रहती थीं कि मैं पूरी तरह से अपना नाश्ता खत्म करूँ और कुछ भी न छोड़ूँ; लेकिन मेरा काम अभी खत्म नहीं होता था।

शाम को स्कूल से लौटने के बाद मैं शम्सुद्दीन के उन ग्राहकों से पैसे वसूल करता था, जिनको अखबार बाँटे गए थे। उसके बाद मैं उनसे मिलता था, वह अब अपने हिसाब को मिला लेते थे।

शाम को समुद्र के किनारे बैठकर, जहाँ हलकी-हलकी ठंडी हवा बह रही होती थी, जलालुद्दीन या शम्सुद्दीन दिन के अखबार को खोल लेते थे। हम अधिकतर 'दिनामनी' पर चर्चा करते थे। हममें से एक ऊँची आवाज में अखबार पढ़ता था। धीरे-धीरे हमारे सामने बाहरी दुनिया का नक्शा आ जाता था। गांधीजी, कांग्रेस, हिटलर, पेरियार, ई.वी. रामास्वामी की छवि और उनके शब्द इस वातावरण में गूँजने लगते थे। मैं अपनी उँगलियों से उनके संदेशों तथा उन महापुरुषों की फोटो महसूस करता था और उनके अस्तित्व को अपने बीच में देखता था। मैं सोचता था कि एक दिन मैं मद्रास, बंबई तथा कलकत्ता शहरों में जाऊँगा! किसी तरह से अगर मेरी मुलाकात नेहरू व महात्मा गांधी से हो जाए, तब मेरी मनोस्थिति क्या होगी? मेरे मन में आए विचार मेरे साथियों के शोर से समाप्त हो जाते थे। उसके बाद मैं रात के खाने के लिए अपने घर पहुँच जाता था। बाद में मुझे अपना स्कूल का होमवर्क भी करना होता था। 8 वर्ष के एक बच्चे के लिए इससे अधिक हिम्मत नहीं होती थी। रात 9 बजे तक

शाम को समुद्र के किनारे बैठकर, जहाँ हलकी-हलकी ठंडी हवा बह रही होती थी, जलालुद्दीन या शम्सुद्दीन दिन के अखबार को खोल लेते थे। हम अधिकतर 'दिनामनी' पर चर्चा करते थे। हममें से एक ऊँची आवाज में अखबार पढ़ता था। धीरे-धीरे हमारे सामने बाहरी दुनिया का नक्शा आ जाता था।

मैं गहरी नींद में सो जाता था, क्योंकि अगले दिन मुझे पढ़ने के अलावा और भी कई काम करने होते थे।

यह प्रक्रिया लगभग एक वर्ष तक चलती रही। मैं अब लंबा तथा भूरे रंग का हो गया था। अब मुझे अंदाजा हो चुका था कि किस तरह से अखबार के बंडलों को उठाकर विभिन्न घरों में जाकर एक निश्चित समय पर अखबार पहुँचाना है। मैं अब शम्सुद्दीन के हिसाब को भी अच्छी तरह से समझ चुका था। मैं अपने दिमाग में हिसाब लगाकर रखता था। एक दिन में कितने पैसे मिले तथा किन पाठकों से कितना पैसा अभी लेना है। अब मुझे अहसास हो गया था कि एक कमानेवाले आदमी की क्या परेशानियाँ हो सकती हैं। सुबह से ही दिन भर की जिम्मेदारियों के लिए तत्पर रहना पड़ता था। होमवर्क, ट्यूशन, सुबह की इबादत साथ-साथ ही जुड़ी हुई थीं; लेकिन 'मद्रास-धनुषकोडि मेल' मेरे लिए इंतजार नहीं कर सकती थी। मुझे अपने निश्चित समय व स्थान पर स्टेशन पर पहुँचना होता था, ताकि हवा में उछाले गए बंडलों को लपका जा सके। यह मेरा पहला अनुभव था अपनी जिम्मेदारी को निभाने का। अपने दोस्त शम्सुद्दीन को दिए गए वचन को निभाने का भी यह अच्छा मौका था, जिसे मैं पूरी मेहनत से पूरा कर रहा था। मेरे लिए यह समय रोचक

यह प्रक्रिया लगभग एक वर्ष तक चलती रही। मैं अब लंबा तथा भूरे रंग का हो गया था। अब मुझे अंदाजा हो चुका था कि किस तरह से अखबार के बंडलों को उठाकर विभिन्न घरों में जाकर एक निश्चित समय पर अखबार पहुँचाना है। मैं अब शम्सुद्दीन के हिसाब को भी अच्छी तरह से समझ चुका था।

था, जिसे मैं स्नेह से जी रहा था। मेरे लिए दिन भर की थकावट चिंता का विषय नहीं होती थी। मेरी माँ इस जिम्मेदारी व कार्य से परेशान होकर अकसर इसकी शिकायत करती थीं; परंतु मैं सिर को हिलाकर, मुसकराकर अपने काम करता रहता था। मैं जानता था कि यह थोड़ी सी कमाई भी हमारे लिए सहायक सिद्ध हो रही थी। लेकिन वे अपने मन में मेरे इस कार्य से प्रभावित थीं और मुझ पर गर्व करती थीं कि मैंने किस तरह से 8 वर्ष की उम्र में घर की आय में योगदान देना आरंभ कर दिया था। यह मेरी प्रेरणा को बढ़ानेवाला था और मैं हँसता हुआ अपने सफर पर अग्रसर रहा।

□

संकट-मोचक
तीन व्यक्ति

मेरे बचपन का शहर रामेश्वरम एक छोटा सा टापू था। इसकी उच्चतम चोटी 'गंधमादन पर्वतम्' थी। इस चोटी पर चढ़कर आप सारे रामेश्वरम को देख सकते हैं, नारियल के हरे पत्तों को हर तरफ देख सकते हैं। इसी तरह से फैले हुए समुद्र को दूर-दूर तक देखा जा सकता है। रामनाथ स्वामी मंदिर का गोपुरम् आकाश की ऊँचाइयों को छूता है। यहाँ रहनेवाले लोगों की कमाई का साधन नारियल की खेती, मछली व्यापार तथा पर्यटन है। यह स्थान इस पवित्र तीर्थ-स्थल के कारण प्रसिद्ध हुआ था। रामेश्वरम का पवित्र पर्यटन स्थल भारत का विख्यात धार्मिक पर्यटन स्थल है, जो हर समय दर्शनार्थियों से भरा रहता है।

इस छोटे से शहर में मुख्यत: हिंदुओं के घर थे। कहीं-कहीं हमारे जैसे मुसलिम परिवार भी थे। इसके साथ ही कुछ ईसाई परिवार भी रहते थे। हर समुदाय यहाँ शांतिमय वातावरण में रहता था। हम सब सौहार्दपूर्ण व शांतिपूर्ण माहौल में जीते थे तथा एक-दूसरे की सहायता के लिए हर समय तैयार रहते थे। भेदभाव व नफरत की आग दुनिया में फैली थी, लेकिन अभी यहाँ तक नहीं पहुँची थी। हर रोज अखबारों में जात-पाँत के झगड़ों की खबरें सुनने में आती थीं; परंतु यहाँ के लोग शांतिपूर्ण माहौल में आराम से जिंदगी गुजारते थे।

शांति का यह वातावरण इस शहर में कई वर्षों से इसी तरह से बना हुआ था। मेरे पिता प्यार से हमारे पूर्वजों—हमारे दादाजी के दादाजी की कहानी सुनाते थे, जिन्होंने एक बार रामनाथ स्वामी मंदिर की मुख्य मूर्ति बचाई थी। एक प्रमुख त्योहार में भगवान् की मूर्ति को गर्भगृह से एक जुलूस के साथ मंदिर के परिसर में ले जाया गया था। एक बार इस समारोह के दौरान लगातार घटित होनेवाली घटनाओं के चलते न जाने कब वह मूर्ति एक टैंक में गिर गई, जिसके बारे में किसी को भी पता नहीं चला। लोगों को जब यह पता चला तब वे आनेवाली विपत्ति के संकेत से भयभीत हो गए थे; किंतु उस भीड़ के बीच एक आदमी ने अपना धीरज नहीं खोया और सतर्कता के साथ उस पानी के टैंक में छलाँग लगाकर उस मूर्ति को कुछ ही देर में निकाल लिया था। वे मेरे दादाजी के दादाजी थे। अब वहाँ उपस्थित लोगों की खुशी की कोई सीमा नहीं थी। मंदिर के पुजारी प्रसन्नतापूर्वक उन्हें धन्यवाद दे रहे थे। हालाँकि वे जानते थे कि वे मुसलिम थे, परंतु किसी के मन में वह भावना नहीं आई। जात-पाँत को माननेवाले धर्म के कट्टर अनुयायी इस घटना को नफरत की दृष्टि से देखते कि कैसे एक गैर-हिंदू ने भगवान् की मूर्ति को छुआ! लेकिन वहाँ मौजूद किसी भी व्यक्ति के मन में यह भावना नहीं जागी थी।

शांति का यह वातावरण इस शहर में कई वर्षों से इसी तरह से बना हुआ था। मेरे पिता प्यार से हमारे पूर्वजों—हमारे दादाजी के दादाजी की कहानी सुनाते थे, जिन्होंने एक बार रामनाथ स्वामी मंदिर की मुख्य मूर्ति बचाई थी। एक प्रमुख त्योहार में भगवान् की मूर्ति को गर्भगृह से एक जुलूस के साथ मंदिर के परिसर में ले जाया गया था।

मेरे दादाजी के दादाजी को एक हीरो की तरह ख्याति मिली थी। उसके बाद वहाँ यह घोषणा की गई कि हर त्योहार में मंदिर की तरफ से उन्हें सम्मानित किया जाएगा और उन्हें 'मुदल मरायादाई' का आदर दिया जाएगा। यह एक अद्वितीय सम्मान था, जो मंदिर की तरफ से दूसरे धर्म के माननेवाले को दिया जाता था। यह 'मरायादाई' कई बरसों तक चलती रही। किसी भी त्योहार से पहले हमारे दादाजी के दादाजी को सम्मानित किया जाता था। उन्हें 'मरायादाई सम्मान' वर्षों तक दिया जाता रहा। यह सम्मान सदियों तक चलता रहा। इसके बाद हमारे पूर्वजों को सम्मानित किया जाने लगा। वर्षों तक यह सिलसिला चलता रहा। हमारे पिताजी को भी 'मरायादाई सम्मान' दिया जाता था।

मेरे दादाजी के दादाजी को एक हीरो की तरह ख्याति मिली थी। उसके बाद वहाँ यह घोषणा की गई कि हर त्योहार में मंदिर की तरफ से उन्हें सम्मानित किया जाएगा और उन्हें 'मुदल मरायादाई' का आदर दिया जाएगा। यह एक अद्वितीय सम्मान था, जो मंदिर की तरफ से दूसरे धर्म के माननेवाले को दिया जाता था।

सौहार्द व सद्‌भावना का यह भाव बाद के वर्षों में भी बना रहा। जैसाकि मैंने अपने दूसरे अध्यायों में लिखा है कि मेरे पिताजी 'फेरी' के व्यापार से जुड़े हुए थे। वे तीर्थयात्रियों को धनुषकोडि तक लेकर जाते थे। हमारी 'फेरी' की सेवा मंदिर के साथ भी जुड़ी हुई थी।

मेरे पिताजी रामेश्वरम मसजिद में इमाम थे। वे एक श्रद्धालु व्यक्ति थे और उनकी आस्था पूर्णतः 'कुरान' में थी। उन्होंने अपने

बच्चों तथा अपने परिवारवालों को भी एक अच्छे मुसलिम के रस्मो-रिवाज तथा संस्कार दिए थे। इस शहर के निवासियों के लिए वे एक मनोचिकित्सक तथा सफल गाइड भी थे। अधिकतर लोग अपनी विभिन्न समस्याओं के समाधान के लिए उनके पास आते थे, भले ही वह आध्यात्मिक व अन्य विषयों से जुड़ी हुई हो।

मेरे पिता के अच्छे मित्र रामनाथ स्वामी मंदिर के पुरोहित पक्षी लक्ष्मण शास्त्री थे। वे न केवल एक पुजारी थे, बल्कि उन्हें वेदों का अच्छा ज्ञान था और एक शिक्षित व्यक्ति थे। मैं आज भी उनकी छवि को नहीं भूल सकता हूँ। वे पारंपरिक पुजारी की वेशभूषा में रहते थे।

मेरे पिता के अच्छे मित्र रामनाथ स्वामी मंदिर के पुरोहित पक्षी लक्ष्मण शास्त्री थे। वे न केवल एक पुजारी थे, बल्कि उन्हें वेदों का अच्छा ज्ञान था और एक शिक्षित व्यक्ति थे। मैं आज भी उनकी छवि को नहीं भूल सकता हूँ। वे पारंपरिक पुजारी की वेशभूषा में रहते थे। उन्हें धोती तथा अंगवस्त्रम् के साथ देखा जा सकता था। उनके सिर पर चोटी होती थी, जिसे 'कुदुमी' कहा जाता है। मेरी जानकारी के अनुसार, वे एक सज्जन व दयावान् व्यक्ति थे।

इनके अलावा हमारे छोटे शहर में रहनेवाले तीसरे व्यक्ति फादर बोदल शहर की चर्च के पादरी थे। वे आध्यात्मिक रूप से महान् थे तथा उनका उस शहर में उच्च स्थान था। वे हमेशा चर्च में आनेवालों के हित के बारे में सोचते थे तथा उन सबकी भलाई के लिए कार्य करते थे। वे मेरे पिता और पक्षी लक्ष्मण शास्त्री की तरह हमेशा शहर की

भलाई के लिए सोचते रहते थे तथा शहर की शांति व सद्‌भाव के लिए निरंतर तत्पर रहते थे।

उन तीनों की छवि मेरी यादों में अभी भी विद्यमान है। मैं आज भी उन्हें उसी रूप में देखता हूँ—एक, अपनी पगड़ी व इमाम के लंबे अँगरखे में, दूसरा धोती में तथा तीसरा अपने गाउन में नजर आता था। तीनों ही हर शुक्रवार को शाम 4.30 बजे आपस में मिलते थे तथा धर्म पर चर्चा करते थे। इसके अलावा शहर की महत्त्वपूर्ण समस्याओं तथा घटनाओं की जानकारी लेते थे। कई बार इस शहर के लोग उनके पास अपनी व शहर की समस्याओं को लेकर आते थे, जिन्हें तीनों ही सुलझाने की कोशिश करते थे। वे अपने शहर में फैलनेवाली किसी भी आशंका व अफवाह को अपनी समझदारी से दूर करते थे। जब तक हालात काबू से बाहर हो जाएँ, उन्हें जल्द ही दूर करने की कोशिश करते थे। इस शहर की मौलिक आवश्यकता शांति का वातावरण था, जिसे सार्थक बातचीत व समझदारी से दूर किया जाता था। उनकी चर्चा का विषय देश में स्वतंत्रता आंदोलन का रूप था। इसके अलावा ब्रिटिश सरकार का इस आंदोलन पर राजनीतिक रुख और उससे हमारे समुदाय पर पड़नेवाले प्रभाव पर व्यापक रूप से विचार किया जाता, जिससे इस शहर में शांति का माहौल बना रहता

उन तीनों की छवि मेरी यादों में अभी भी विद्यमान है। मैं आज भी उन्हें उसी रूप में देखता हूँ—एक, अपनी पगड़ी व इमाम के लंबे अँगरखे में, दूसरा धोती में तथा तीसरा अपने गाउन में नजर आता था। तीनों ही हर शुक्रवार को शाम 4.30 बजे आपस में मिलते थे तथा धर्म पर चर्चा करते थे।

था। इस समुदाय को कुछ इस तरह से सींचा गया था कि शहर में खुशनुमा माहौल बना रहे तथा हर कोई अपनी समस्या व विचारों को इकट्ठा मिलकर बाँट सके।

मेरे बचपन की एक घटना ने इस भावना को हमारे करीब रखा था। मैं उस समय 8 वर्ष का था और तीसरी कक्षा में पढ़ता था। मेरी दोस्ती रामनाथन शास्त्री, अरविंदन तथा शिवप्रकाशन से थी। वे तीनों ही ब्राह्मण थे। रामनाथन शास्त्री लक्ष्मण शास्त्री का पुत्र था। हम सब मिलकर आदर्श सहपाठियों की तरह व्यवहार करते थे। हम मिल-जुलकर कक्षा व कक्षा के बाहर समय व्यतीत करते थे। अच्छे दोस्तों की तरह हमारा दिन एक-दूसरे के बिना अधूरा ही रहता था। अगर कोई साथी किसी कारण से विद्यालय न आए तो हम उसके लिए चिंतित रहते थे। हम सब एक साथ ही बैठते थे, एक-दूसरे के साथ अपने विचार बाँटते थे। रामनाथन और मैं एक ही बेंच पर बैठते थे।

मेरे बचपन की एक घटना ने इस भावना को हमारे करीब रखा था। मैं उस समय 8 वर्ष का था और तीसरी कक्षा में पढ़ता था। मेरी दोस्ती रामनाथन शास्त्री, अरविंदन तथा शिवप्रकाशन से थी। वे तीनों ही ब्राह्मण थे। रामनाथन शास्त्री लक्ष्मण शास्त्री का पुत्र था।

इससे पहले कि मैं इस कहानी को आगे बढ़ाऊँ, मैं आप सबको इस स्कूल की स्थिति के बारे में बताना चाहता हूँ, जहाँ मेरे बचपन की सुखद यादें व शरारतें जुड़ी हुई हैं। इस स्कूल का नाम रामेश्वरम पंचायत प्राइमरी स्कूल' था। मैंने यहाँ सन् 1936 से 1944 तक शिक्षा प्राप्त की थी। यह समुद्र के किनारे स्थित था, जो बहुत मजबूत बिल्डिंग

नहीं थी। इस स्कूल का कुछ हिस्सा ईंटों से निर्मित था, लेकिन छत छप्पर की बनी हुई थी। यह शहर का इकलौता स्कूल था, जहाँ शहर के बच्चे पढ़ते थे। हम लगभग 400 लड़के व लड़कियाँ इस स्कूल में पढ़ते थे। यकीनन हमारे स्कूल में कई सुविधाएँ नहीं थीं, न ही इस स्कूल की बिल्डिंग ही बहुत अच्छी स्थिति में थी; फिर भी, यह स्कूल हम सबके लिए आकर्षण का केंद्र था, जिससे हम सब जुड़े हुए थे। इस स्कूल के अध्यापक, विशेषत: इतिहास, भूगोल व विज्ञान विषयों को पढ़ानेवाले, विद्यार्थियों के प्रिय थे। क्यों? क्योंकि वे बच्चों को प्रेमपूर्ण ढंग से पढ़ाते थे तथा आश्वस्त रहते थे, ताकि इस स्कूल के सभी बच्चों को अच्छी शिक्षा मिल सके। सभी 55 बच्चों को एक जैसी शिक्षा देना तथा सबके साथ एक जैसा व्यवहार करना कोई आसान काम नहीं था। वे सिर्फ हमें अच्छे अंक लेने के लिए ही प्रेरित नहीं करते थे, बल्कि इस बात का भी ध्यान रखते थे कि सभी विद्यार्थियों में इन विषयों के प्रति रुचि व अनुराग बना रहे। हम अपने अध्यापकों में सच्चाई व ईमानदारी का भाव देखते थे।

सभी 55 बच्चों को एक जैसी शिक्षा देना तथा सबके साथ एक जैसा व्यवहार करना कोई आसान काम नहीं था। वे सिर्फ हमें अच्छे अंक लेने के लिए ही प्रेरित नहीं करते थे, बल्कि इस बात का भी ध्यान रखते थे कि सभी विद्यार्थियों में इन विषयों के प्रति रुचि व अनुराग बना रहे।

अगर एक दिन भी कोई विद्यार्थी स्कूल न आए तो अध्यापक इसकी चिंता करते थे तथा घर जाकर उसकी अनुपस्थिति का कारण पूछते थे। अगर हममें से किसी भी विद्यार्थी के अच्छे अंक आते थे

तो अध्यापक उसके घर जाकर अभिभावकों को बधाई देते थे। हमारा स्कूल हम सबके लिए रुचिकर तथा आनंददायक स्थान था। हम सभी विद्यार्थियों ने उस स्कूल से पढ़ाई आरंभ की, किसी ने भी बीच में स्कूल नहीं छोड़ा तथा आठवीं कक्षा तक उस स्कूल में पढ़ाई की। मुझे याद नहीं कि किसी भी विद्यार्थी ने बीच में स्कूल छोड़ा हो। आज जब मैं विभिन्न स्कूलों में जाता हूँ, निश्चित रूप से सोचता हूँ कि स्कूल का बड़ा या छोटा होना मायने नहीं रखता। स्कूल की सुविधाओं व विज्ञापनों का अधिक असर नहीं पड़ता, इन सबका स्कूल की शिक्षा के स्तर पर कोई असर नहीं पड़ता। इसका असर देखा जा सकता है कि स्कूल में शिक्षा देनेवाले अध्यापकों के क्या गुण हैं तथा उनका शिक्षा प्रदान करने का क्या स्तर है।

अब मैं अपनी कथा पर आता हूँ। उस समय छोटे स्कूलों, जैसा कि हमारा स्कूल था, में कोई यूनिफॉर्म या वरदी नहीं होती थी। विद्यार्थी इस बात के लिए पूरी तरह से स्वतंत्र थे कि वे कैसी भी ड्रेस पहनकर स्कूल आ सकें। इसलिए हम अपने धर्म के अनुसार ही कपड़े पहनकर आते थे।

अब मैं अपनी कथा पर आता हूँ। उस समय छोटे स्कूलों, जैसा कि हमारा स्कूल था, में कोई यूनिफॉर्म या वरदी नहीं होती थी। विद्यार्थी इस बात के लिए पूरी तरह से स्वतंत्र थे कि वे कैसी भी ड्रेस पहनकर स्कूल आ सकें। इसलिए हम अपने धर्म के अनुसार ही कपड़े पहनकर आते थे। मेरा मित्र रामनाथन अपनी चोटी के साथ स्कूल में आता था, जैसे कि उसके पिताजी कुदुमी के साथ ही बाहर निकलते थे (बाद में मेरा यह मित्र अपने पिता की तरह ही मंदिर का पुरोहित बन

गया था)। मैं भी स्कूल में मुसलिम लड़कों की तरह बुनी हुई गोल टोपी पहनकर जाता था। हममें से कोई भी अपने कपड़ों के बारे में अपने विचार नहीं बताता था और न ही कोई इसकी परवाह करता था।

जब हम तीसरी कक्षा में थे, हम सबकी जिंदगी में एक अनोखी घटना घटी। हमारे स्कूल में एक नए अध्यापक पढ़ाने के लिए आए। हम सब बच्चों के लिए यह एक नया हैरान करनेवाला विषय था, जिस पर चर्चा होती थी। हम बच्चे नहीं जानते थे कि आगंतुक अध्यापक का स्वभाव कैसा होगा! क्या वह सख्त स्वभाव का होगा या उसका रवैया नरम होगा? क्या वह अधिक गुस्सा करनेवाला होगा या शांत भाव का होगा? हमने उनसे पढ़ना आरंभ नहीं किया था। जब वह पहली बार क्लास में दाखिल हुए, हमारे सपने बिखर चुके थे।

वह अध्यापक एक हिंदू ब्राह्मण था। उसने कक्षा में दाखिल होते ही हम सब की तरफ अचंभे से देखा तथा कुछ बच्चों को हैरानी से देखा। मैं आज सोचता हूँ कि उन्होंने बच्चों की आँखों की चमक तथा उनकी भोली-भाली मुसकानों को नहीं देखा था, जो आनेवाले का स्वागत अपनी अनजान मुसकान से करते हैं।

वह अध्यापक एक हिंदू ब्राह्मण था। उसने कक्षा में दाखिल होते ही हम सब की तरफ अचंभे से देखा तथा कुछ बच्चों को हैरानी से देखा। मैं आज सोचता हूँ कि उन्होंने बच्चों की आँखों की चमक तथा उनकी भोली-भाली मुसकानों को नहीं देखा था, जो आनेवाले का स्वागत अपनी अनजान मुसकान से करते हैं। लेकिन हमारे अध्यापक ने इन सबकी परवाह न करते हुए अपना काम आरंभ कर दिया। वह कक्षा के आगे खड़े हो गए तथा

उनकी नजर सबसे पहले मुझ पर तथा रामनाथन पर पड़ी थी। हम दोनों ही कक्षा में आकर्षण के केंद्र थे तथा दाईं पंक्ति में सबसे आगे की बेंच पर बैठते थे। उनकी नजर में गुस्से व बेचैनी के भाव नजर आ रहे थे। उनकी नजर मेरी टोपी तथा रामनाथन के बालों के गुच्छे पर जाकर थम गई थी। उनकी नजर में गुस्से, बेचैनी के भाव साफ नजर आ रहे थे। बिना कोई कारण बताए उन्होंने मेरा नाम जानना चाहा। जब मैंने उन्हें अपना नाम बताया तो मुझे आदेश मिला कि मैं जल्दी से अपनी सभी वस्तुओं को इकट्ठा करके सबसे पीछे की पंक्ति में जाकर बैठ जाऊँ, जिसका कारण वह खुद ही जानतेथे।

मैं अपने को बहुत दुखी व पीड़ित महसूस कर रहा था। मुझे इस हुक्म का कारण मालूम नहीं था। रामनाथन भी आँसुओं में डूबा हुआ था। जब मैं अपनी पुस्तकें उठाकर पीछे की सीट पर बैठने गया, मेरी यादों में अभी भी वे आँसू आ रहे थे, जो कि रामनाथन की आँखों से निरंतर बह रहे थे।

मैं अपने को बहुत दुखी व पीड़ित महसूस कर रहा था। मुझे इस हुक्म का कारण मालूम नहीं था। रामनाथन भी आँसुओं में डूबा हुआ था। जब मैं अपनी पुस्तकें उठाकर पीछे की सीट पर बैठने गया, मेरी यादों में अभी भी वे आँसू आ रहे थे, जो कि रामनाथन की आँखों से निरंतर बह रहे थे।

हममें से कोई भी इस घटना पर शांत नहीं रह सकता था। उस दिन मैंने अपने पिताजी को सारी घटना की जानकारी दी। इसी तरह से रामनाथन ने भी अपने पिताजी को सबकुछ बता दिया। वे दोनों ही यह जानकर हैरान-परेशान हो गए। यह सब उनकी उम्मीद तथा प्रयासों के

विपरीत था, जिसके लिए वे काम कर रहे थे। एक अध्यापक, जिसका काम विद्यार्थियों को ज्ञान देना तथा उनके दिमाग को विकसित करना है, वह कैसे इस भावना से विपरीत कार्य कर रहा था? हमने कभी उन सुलझे हुए इनसानों को इस तरह परेशान तथा गुस्से में नहीं देखा था। इन दोनों ने आपस में विचार-विमर्श किया तथा इस घटना की पूरी जानकारीली।

अगले शुक्रवार शाम के समय वे हर सप्ताह की मुलाकातों की तरह एकत्र हुए। बोदल भी उस बैठक में शामिल हुए। उस अध्यापक को भी वहाँ उपस्थित होने के लिए कहा गया। दिन ढलने के बाद रात का पहर आ गया और हर तरफ अँधेरा छा चुका था। मेरे पिताजी तथा शास्त्रीजी ने देश में बढ़ते जात-पाँत के भाव का जिक्र किया, जिससे देश के कई भाग प्रभावित हो चुके थे। लेकिन इस आग को वे अपने शहर में नहीं देखना चाहते थे। वे नहीं चाहते थे कि बच्चों में जात-पाँत के नाम पर विभाजन किया जाए। वे इस छोटे से शहर में इस नफरत की आग को बरदाश्त नहीं करेंगे। धर्म के नाम पर समाज को तोड़ा न जाए, अपितु धर्म के सद्‌भावपूर्वक समाज को जोड़ा जाए। वे नहीं चाहते थे कि बच्चों के दिमाग में नफरत के बीज बोए जाएँ।

अगले शुक्रवार शाम के समय वे हर सप्ताह की मुलाकातों की तरह एकत्र हुए। बोदल भी उस बैठक में शामिल हुए। उस अध्यापक को भी वहाँ उपस्थित होने के लिए कहा गया। दिन ढलने के बाद रात का पहर आ गया और हर तरफ अँधेरा छा चुका था। मेरे पिताजी तथा शास्त्रीजी ने देश में बढ़ते जात-पाँत के भाव का जिक्र किया, जिससे देश के कई भाग प्रभावित हो चुके थे।

यह संदेश उस अध्यापक को ससम्मान तथा सद्भाव से दिया गया। उससे पूछा गया कि क्या वह अपने को ज्ञान व शिक्षा का स्रोत मानेंगे, जिससे इस देश की बुनियाद मजबूत बन सकेगी? हमारे अध्यापक महोदय चुपचाप शांत भाव से वह सबकुछ सुनते रहे तथा सोचते रहे। इसके बाद उन्होंने कहा, ''मैं नहीं जानता था कि मेरे द्वारा दो बच्चों को अलग करने का इतना व्यापक परिणाम हो सकता है! मैं अपने इर्द-गिर्द कुछ ऐसा ही देख रहा था तथा उसके अनुसार यह समाज इसी बुनियाद पर चल रहा है तथा मैंने भी उन्हीं नियमों को स्वीकार किया है। इससे पहले मुझे किसी और ने नहीं सिखाया था कि यह विभाजन समाज के लिए कितना हानिकारक हो सकता है!'' उन्होंने अपनी गलती को सुधारने का वचन दिया और सुबह अपनी गलती को सुधार लिया।

मैं नहीं जानता था कि मेरे द्वारा दो बच्चों को अलग करने का इतना व्यापक परिणाम हो सकता है! मैं अपने इर्द-गिर्द कुछ ऐसा ही देख रहा था तथा उसके अनुसार यह समाज इसी बुनियाद पर चल रहा है तथा मैंने भी उन्हीं नियमों को स्वीकार किया है।

यह मेरा पहला अनुभव था कि किस तरह से धार्मिक लोग मिलकर तथा दृढ़ता से किसी समस्या को सुलझा सकते हैं। उन्होंने मिलकर समस्या को बिल्कुल समाप्त कर दिया। उन्होंने इस समस्या को धीरे-धीरे पनपने नहीं दिया और घाव को बढ़ने नहीं दिया। इस भाव ने मुझे बाद में समस्याओं को अच्छे प्रबंधन से सुलझाने का संदेश दिया।

यह एक सोच थी, जिसकी झलक मेरे जीवन में महत्त्वपूर्ण

परिवर्तन लाई। हमारे अंदर का दृढ़ विश्वास तथा हमारे अंदर के विचार हैं, जो हमारे कार्यों को प्रभावित करते हैं। बाहर की ताकतें, दूसरों की सलाह तथा प्रलोभन आदि इसके बाद अपना प्रभाव रखते हैं; लेकिन हममें से जो सच्चाई व दृढ़ता के साथ अडिग रहते हैं, उन्हें निश्चित रूप से शांति का वातावरण मिलता है। हमारे देश में ऐसे नागरिकों की आवश्यकता है, जो अपने व्यक्तित्व पर विश्वास करें और भटकानेवाले विवादों से दूर ही रहें।

अगर मेरे धर्म की बात की जाए तो निश्चित रूप से मेरे भाग्य ने मुझे विज्ञान व तकनीक के क्षेत्र में पहुँचाया था, उसकी बुनियाद रामेश्वरम से ही बनी थी। मैं हमेशा से ही विज्ञान में विश्वास करनेवाला था, लेकिन इसके साथ ही मेरा आध्यात्मिक विश्वास था, जो कि युवा अवस्था में स्थापित हो चुका था। यह मेरे साथ ही चल रहा था। मेरे मन में ईश्वर के बारे में विभिन्न मत थे। मैंने विभिन्न धर्मों की धार्मिक पुस्तकों का अध्ययन किया था। मुझे ज्ञान की प्राप्ति 'कुरान', 'गीता' तथा 'बाइबिल' द्वारा ही मिली थी। इनके मिलाप से ही मेरे जीवन व संस्कारों का मिलाप मुझे अपनी जन्मभूमि से मिला था और इस शहर के अनूठे संस्कारों ने मेरा पूर्ण विकास किया। अगर मुझसे कोई एक

अगर मेरे धर्म की बात की जाए तो निश्चित रूप से मेरे भाग्य ने मुझे विज्ञान व तकनीक के क्षेत्र में पहुँचाया था, उसकी बुनियाद रामेश्वरम से ही बनी थी। मैं हमेशा से ही विज्ञान में विश्वास करनेवाला था, लेकिन इसके साथ ही मेरा आध्यात्मिक विश्वास था, जो कि युवा अवस्था में स्थापित हो चुका था। यह मेरे साथ ही चल रहा था।

सच्चे मुसलिम के गुणों के बारे में पूछे तो मैं निश्चित रूप से अपने पिता, शास्त्रीजी तथा फादर बोदल का जिक्र करूँगा, जिनके साथ मैं बड़ा हुआ था, या ऐसे ही कुछ और व्यक्तित्व, जो मेरी जिंदगी में आए थे और जिन्होंने हमारे देश के नैतिक मूल्यों व धर्म की नींव को मजबूत किया था। उन्होंने एक ऐसे देश का विकास किया, जहाँ विभिन्न धर्मों तथा विभिन्न मतों का विकास हुआ तथा हर किसी को अपना उचित स्थान मिल सका। निश्चित रूप से हम विभिन्न समस्याओं तथा मतों को देखते हैं, परंतु आनेवाली पीढ़ी अग़र मेरे पूर्वजों, इमाम तथा रामेश्वरम के पुरोहित की कथाओं को याद करे, जो कि सदियों पुरानी थीं, तो उन्हें जीने का नया ढंग मिलेगा तथा हम एक धर्मनिरपेक्ष प्रजातंत्र बनाएरखेंगे।

□

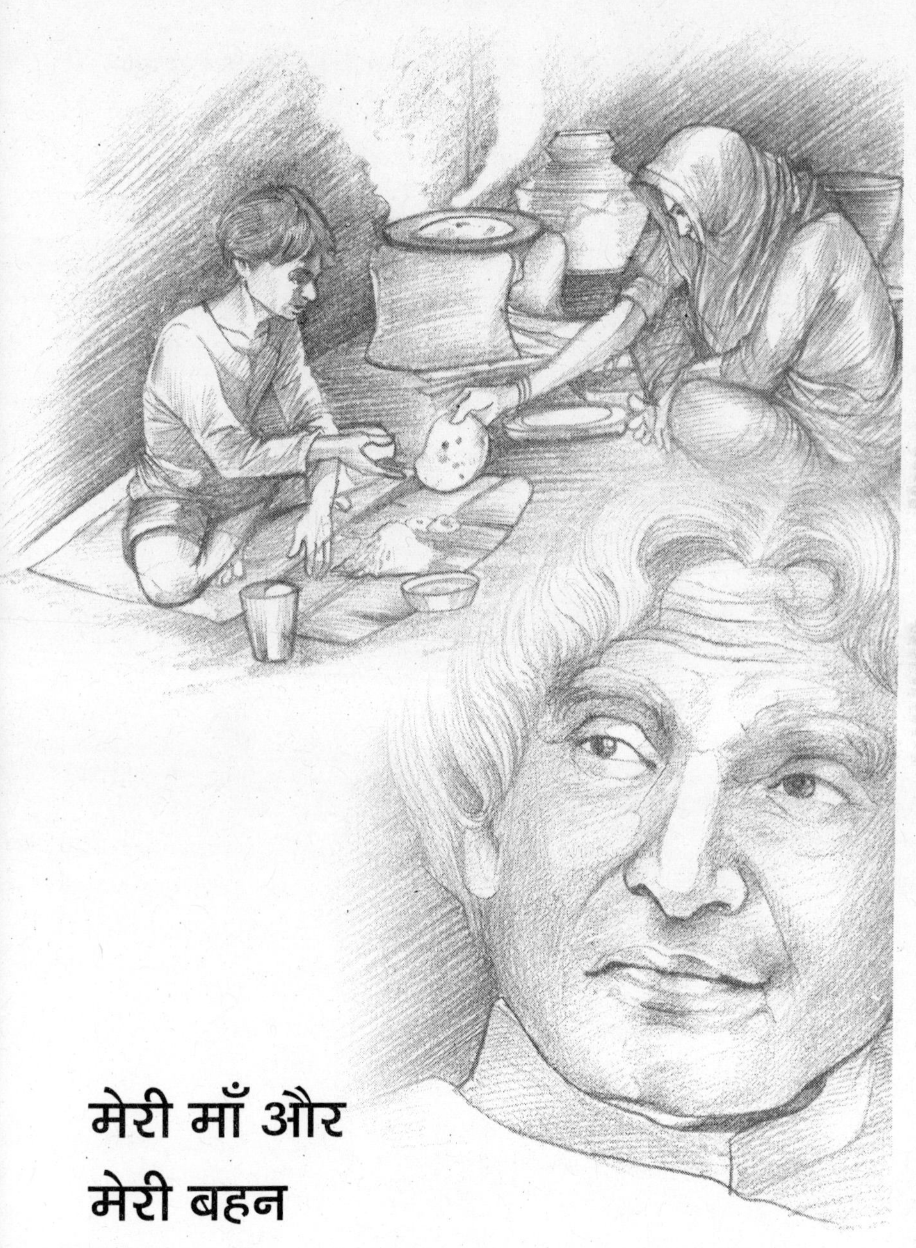

मेरी माँ और मेरी बहन

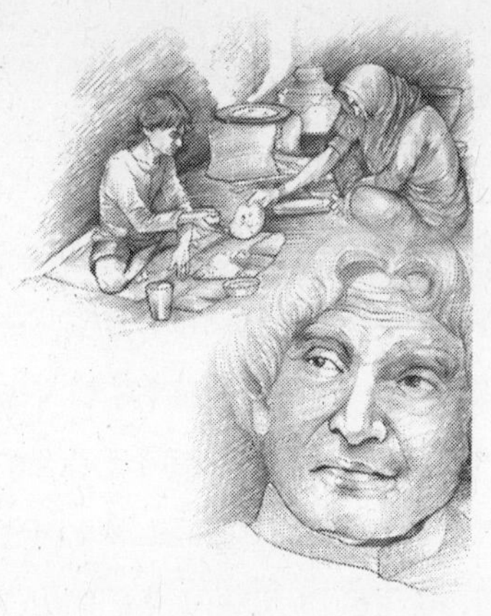

कई वर्ष पहले मैंने एक कविता लिखी थी, जिसकी शुरुआत में ये पंक्तियाँ थीं—

'सागर की लहरें, सुनहरी रेत, यात्रियों की आस्था,

रामेश्वरम की मसजिद वाली गली, सब आपस में मिलकर एक हो जाती हैं,

वह है मेरी माँ!'

अगर मैं अपने बचपन की बात करूँ, मेरी याद में रामेश्वरम के घर की यादें ही उभरकर आती हैं, खासतौर से दो व्यक्ति, जिनके इर्द-गिर्द मेरा जीवन बीता। वे हैं मेरे पिताजी व मेरी माँ, जो मेरे जीवन के केंद्रबिंदु थे। हमारा परिवार एक मध्यम वर्गीय परिवार था। मेरे पिता मसजिद के इमाम थे। उनका छोटा सा कारोबार था। मेरी माँ का नाम आशियम्मा था। उनके परिवार के एक सदस्य को ब्रिटिश सरकार से 'बहादुर' की उपाधि मिली थी और उनका समाज में अच्छा सम्मान था।

मेरी माँ सभ्य एवं साधारण जीवन जीनेवाली तथा हर समय विनम्र रहती थीं। उनके मन में कभी अभिमान नहीं आया था। वह मेरे पिता की तरह एक धार्मिक तथा समर्पित मुसलिम स्त्री थीं। मेरे दिमाग में अभी भी उनकी छवि बनी हुई है, जो दिन में पाँच बार नमाज पढ़ती

थीं। वे झुककर पूरे विश्वास से नमाज पढ़ती थीं। उनके चेहरे पर हर समय शांति का भाव बना रहता था। उनका मुख्य काम सारे परिवार की जिम्मेदारी सँभालना था। वे अपने उस कार्य में ही पूरी तरह से जुड़ी रहती थीं। हमारे परिवार में मैं, मेरे छोटे भाई-बहन तथा कई रिश्तेदार थे, जिनमें मेरे दादा-दादी एवं चाचा शामिल थे। हम सब मिलकर एक ही घर में रहते थे। हर किसी की जरूरतों को पूरा करना एक मुश्किल काम तथा चिंता का विषय था। हम सबके लिए सीमित साधन थे। हमें अपनी जरूरतों को उसी के अनुसार पूरा करना होता था। हमारे परिवार का निर्वाह मेरे पिता के नारियल के बागों के कारोबार तथा 'फेरी' के व्यापार से ही होता था। इस आमदनी से सिर्फ हमारी जरूरतें पूरी होती थीं। इसके अलावा हम विलासिता तथा आराम के साधनों पर खर्च नहीं करते थे।

ऐसी स्थिति में मेरी माँ मेरे पिताजी की आदर्श पत्नी थीं। वे परिवार के लिए जरूरत के अनुसार बचत करती थीं तथा दिन के छोटे-छोटे खर्चों में कमी बरतती थीं; लेकिन उनके चेहरे पर कभी क्रोध व खीज का भाव नहीं आता था। रोज घर के सभी सदस्यों को खाना परोसा जाता था और सभी की पूरी देखभाल की जाती थी।

ऐसी स्थिति में मेरी माँ मेरे पिताजी की आदर्श पत्नी थीं। वे परिवार के लिए जरूरत के अनुसार बचत करती थीं तथा दिन के छोटे-छोटे खर्चों में कमी बरतती थीं; लेकिन उनके चेहरे पर कभी क्रोध व खीज का भाव नहीं आता था। रोज घर के सभी सदस्यों को खाना परोसा जाता था और सभी की पूरी देखभाल की जाती थी। अकसर हमारे घर में कई मेहमान आ जाते थे, जिन्हें खाना खाए बिना वापस नहीं जाने

दिया जाता था। मैं आज सोचता हूँ कि परिवार के सभी सदस्यों के साथ वे मेहमानों के लिए भी इंतजाम कर लेती थीं! हमारे घर में यह रोज की बात थी और इसको साधारण रूप से लिया जाता था तथा इस पर किसी भी तरह की टिप्पणी नहीं की जाती थी। यह भारत के आतिथ्य की भावना थी, जो किसी समय पूरे समाज में पाई जाती थी, जिस पर गर्व किया जाता है।

मेरा परिवार प्रसन्नचित्त रहनेवाला परिवार था। मेरी यादों में आज भी माँ के साथ खाया जानेवाला भोजन बसा है, जिसे रसोई में फर्श पर बैठकर खाते थे। केले के पतों को बिछाकर चावल, खुशबूवाला साँभर, घर की बनी हुई चटनी तथा अचार रखा होता था। ये व्यंजन सबको बहुत स्वादवाले लगते थे। माँ का खाना साधारण ही होता था। मैंने आज तक माँ के हाथ जैसा बना साँभर नहीं खाया, जिसमें सभी तरह के मसाले स्वाद के अनुसार संतुलित रूप से डाले जाते थे। इसी तरह से, मेरे खाने से जुड़ी एक कहानी है, जो मेरे बचपन की यादों की तरह आज भी ताजा बनी हुई है।

मेरा परिवार प्रसन्नचित्त रहनेवाला परिवार था। मेरी यादों में आज भी माँ के साथ खाया जानेवाला भोजन बसा है, जिसे रसोई में फर्श पर बैठकर खाते थे। केले के पतों को बिछाकर चावल, खुशबूवाला साँभर, घर की बनी हुई चटनी तथा अचार रखा होता था। ये व्यंजन सबको बहुत स्वादवाले लगते थे। माँ का खाना साधारण ही होता था।

द्वितीय विश्व युद्ध के दौरान राशन का कोटा तय कर दिया गया था, क्योंकि उस समय वस्तुओं की भारी कमी हो गई थी। मेरी माँ तथा

दादी ने ऐसे हालात में इस बड़े परिवार को बाँधकर रखा था। वे पूरी कोशिश करती थीं कि किसी तरह से पूरे परिवार का निर्वाह हो सके और कोई भी वस्तु बेकार न हो। वे अकसर अपने खाने में बचत कर, बच्चों को पूरा खाना देती थीं, ताकि बच्चों के खाने में कोई कमी न रह जाए। एक दिन मेरी माँ ने चावल न बनाकर रोटियाँ बनाई थीं। मैं रसोई में अपनी जगह पर बैठ गया तथा स्वाद लेकर रोटियाँ खा रहा था। वे गरम-गरम रोटियाँ एक-एक कर मुझे देती जा रही थीं और मैं स्वाद से खाना खाता जा रहा था। मैं एक भूखा छोटा बच्चा था। जब मेरा पेट पूरी तरह से भर गया तो मैंने अपने केले के पत्ते को उठाया तथा बाहर फेंकने गया। इसके बाद मैंने अपने हाथ धोए। बाद में रात को मेरे बड़े भाई ने मुझे एक कोने में ले जाकर पहली बार बुरी तरह से डाँटा और कहा, ''तुम कैसे अपनी आँखें बंद कर यह सब कर रहे थे?''

एक दिन मेरी माँ ने चावल न बनाकर रोटियाँ बनाई थीं। मैं रसोई में अपनी जगह पर बैठ गया तथा स्वाद लेकर रोटियाँ खा रहा था। वे गरम-गरम रोटियाँ एक-एक कर मुझे देती जा रही थीं और मैं स्वाद से खाना खाता जा रहा था। मैं एक भूखा छोटा बच्चा था।

पहले-पहल तो मुझे अंदाजा ही नहीं हो रहा था कि मेरे भाई मुझे क्यों डाँट रहे थे। मैं अपने भाई के गुस्से का कारण नहीं जान पा रहा था और उनकी तरफ एकटक होकर देख रहा था। इसके बाद वे शांत हो गए और मुझसे कहने लगे, ''क्या तुम जानते हो कि हम सबको राशन का सीमित कोटा मिलता है? हर किसी के हिस्से में दो-तीन रोटियाँ ही आती हैं? अगर तुम अम्मा से और खाने को माँगोगे तो वे मना नहीं करेंगी;

क्योंकि वे बना रही थीं और तुम खाते जा रहे थे। लेकिन वह बीती रात भूखी ही रह गईं, क्योंकि उनके लिए खाने को कुछ भी नहीं बचा था।''

वह क्षण मेरे लिए शर्मसार करनेवाला था, जिसने मेरे दिल को पूरी तरह से तोड़ दिया था। मुझे अपनी प्यारी माँ का खयाल आ रहा था, जो मेहनत करके, बहुत कमजोर हो चुकी थीं। मैंने अब तक अपनी माँ जैसी अन्य कोई ऐसी परिश्रमी औरत नहीं देखी थी। इस चिंता ने मेरे दिल को पूरी तरह से तोड़ दिया था। मैं मन-ही-मन बहुत दुखी हो रहा था और लगभग रो रहा था। मैं किसी को अपना चेहरा दिखाने के काबिल नहीं था। इसके बाद मैं कुछ दिनों तक अपनी माँ के सामने नहीं जा सका। मैं उनसे आँखें मिलाकर बात नहीं कर सकता था। मेरे लिए यह एक खास नसीहत थी—अपने से जुड़े लोगों की जरूरतों पर ज्यादा ध्यान दें। उनके प्यार ने मेरे साथ अपना भोजन बाँटने के लिए एक पल भी नहीं लगाया और उन्होंने बिना किसी हिचकिचाहट के अपना खाना मुझे दे दिया था। मेरे भाई ने मुझे यह नसीहत दी कि मैं कुछ भी खाने से पहले अपने से जुड़े लोगों के बारे में सोचूँ—''क्या उनके पास भी

वह क्षण मेरे लिए शर्मसार करनेवाला था, जिसने मेरे दिल को पूरी तरह से तोड़ दिया था। मुझे अपनी प्यारी माँ का खयाल आ रहा था, जो मेहनत करके, बहुत कमजोर हो चुकी थीं। मैंनें अब तक अपनी माँ जैसी अन्य कोई ऐसी परिश्रमी औरत नहीं देखी थी। इस चिंता ने मेरे दिल को पूरी तरह से तोड़ दिया था। मैं मन-ही-मन बहुत दुखी हो रहा था और लगभग रो रहा था।

मेरे बाद कुछ खाने को बचा है, विशेषकर अपनी दादी व अम्मा के बारे में यह सुनिश्चित कर लूँ।''

मैं अकसर घर सुबह जल्दी ही छोड़ देता था, क्योंकि मुझे अपनी उच्च शिक्षा के लिए बड़े शहरों में जाना था। मैं अपने दोस्तों की तरह हर समय अपनी माँ से जुड़ा नहीं रहता था और एक छोटा बच्चा बनकर नहीं रहना चाहता था। उनकी सज्जनता तथा अपने निकटस्थ लोगों की देखभाल करने का भाव हर समय मेरे साथ जुड़ा रहता था और वह मेरे दिल में घर कर चुका था।

दूसरे विश्व युद्ध के दौरान जब मैं केवल 8 वर्ष का था, मैंने पहले भी इसके बारे में बताया है कि कैसे मैंने अखबार बाँटने का काम शुरू किया था। मैं सुबह होने से पहले ही जाग जाता था और फिर ट्यूशन जाता था, फिर 'कुरान' पढ़ने जाता था, बाद में अखबार बाँटने का कार्य करता था। इसके बाद मैं स्कूल जाता था और शाम के बाद घर लौटकर आता था।

दूसरे विश्व युद्ध के दौरान जब मैं केवल 8 वर्ष का था, मैंने पहले भी इसके बारे में बताया है कि कैसे मैंने अखबार बाँटने का काम शुरू किया था। मैं सुबह होने से पहले ही जाग जाता था और फिर ट्यूशन जाता था, फिर 'कुरान' पढ़ने जाता था, बाद में अखबार बाँटने का कार्य करता था। इसके बाद मैं स्कूल जाता था और शाम के बाद घर लौटकर आता था। अब मुझे अगले दिन की पढ़ाई की तैयारी करनी होती थी। मेरी इस दिनचर्या में मेरी माँ एक चट्टान की तरह बनकर खड़ी रहती थीं। सुबह वे मुझसे भी पहले उठ जाती थीं, मेरे नहाने के लिए पानी लाती

थीं और मुझे नहाने के लिए कहती थीं। मेरी माँ मुझे विदा करती थीं और उत्सुकता से मेरे आने का इंतजार करती थीं। फिर मैं अपने पिताजी के साथ 'कुरान' पढ़ने जाता था। यह पढ़ाई अरबी स्कूल द्वारा कराई जाती थी। मुझे जगह-जगह घूमना पड़ता था, इसलिए माँ जल्दी से खाना खाने को देती थीं। मैं जानता था कि कभी-कभी वे मुझे अपना खाने का हिस्सा भी दे देती थीं, ताकि मुझे पूरा खाना मिल सके। एक बार मैंने इस बारे में पूछा, जिसके जवाब में उन्होंने मुझसे कहा, "तुम बढ़ते बच्चे हो, तुम्हें दिन में कई जगह घूमकर कई काम करने होते हैं।" ऐसा अधिकतर हर माँ का सोचना होता है और वे कहती हैं, 'मेरी चिंता न करो।' शाम को जब मैं घर आता था तो बुरी तरह से थका होता था और मुझे बहुत भूख लगी होती। वे मेरी भरपूर मदद करती थीं, ताकि मैं अगले दिन के लिए तैयार रहूँ।

मैं जानता था कि कभी-कभी वे मुझे अपना खाने का हिस्सा भी दे देती थीं, ताकि मुझे पूरा खाना मिल सके। एक बार मैंने इस बारे में पूछा, जिसके जवाब में उन्होंने मुझसे कहा, "तुम बढ़ते बच्चे हो, तुम्हें दिन में कई जगह घूमकर कई काम करने होते हैं।" ऐसा अधिकतर हर माँ का सोचना होता है और वे कहती हैं, 'मेरी चिंता न करो।'

अपने सभी भाई-बहनों में मुझे ज्यादा तवज्जो दी जाती थी। एक बार, मुझे याद है, मैं माँ की गोद में सिर रखकर आराम से सो गया। वे शांत भाव से बैठी रहीं। उनके हाथ धीमे से मेरे बालों को तथा मेरे गालों को सहला रहे थे। उनका वह स्पर्श मेरे लिए अद्वितीय था, जिससे मेरी सारी थकान मिट चुकी थी। मन-ही-मन मेरे अंदर कुछ ऐसे भाव

आए, जिससे अचानक ही मैं अंदर-ही-अंदर रोने लगा तथा मेरी आँखें आँसुओं से भर गईं। इससे पहले कि मैं उनको अपने काबू में रखता, वे बहने शुरू हो गए। मेरी आँखें बंद थीं, परंतु आँसू निरंतर बह रहे थे। अब मेरे आँसू मेरे मुड़े घुटनों तक पहुँच चुके थे और वे मेरी माँ की साड़ी को भी भिगो रहे थे, लेकिन उन्होंने पूर्ववत् अपना दुलार देना जारी रखा। वे जानती थीं कि आँसुओं की यह झड़ी उनके बेटे की थकावट थी, जो चरम सीमा तक आ चुकी थी और वह एक व्यक्ति की सोच में बदल रही थी। उनकी उँगलियाँ धीरे-धीरे मेरे बालों को सहलाती रहीं, जिससे मुझे आराम मिल रहा था और मेरे शरीर की थकान दूर हो रही थी तथा वे मुझे समझ पा रही थीं।

मेरी माँ का जन्म एक दक्षिण भारतीय परिवार में हुआ था। वे एक साधारण महिला थीं, जो अन्य स्त्रियों की तरह अपने घर की जिम्मेदारियों तक ही सीमित थीं। वे घर से बाहर नहीं निकलती थीं तथा शहर की गतिविधियों से प्रायः अनभिज्ञ ही रहती थीं।

मेरी माँ का जन्म एक दक्षिण भारतीय परिवार में हुआ था। वे एक साधारण महिला थीं, जो अन्य स्त्रियों की तरह अपने घर की जिम्मेदारियों तक ही सीमित थीं। वे घर से बाहर नहीं निकलती थीं तथा शहर की गतिविधियों से प्रायः अनभिज्ञ ही रहती थीं। आज की नारी की तरह उनका दायरा दफ्तर आदि से नहीं जुड़ा था। उनकी दुनिया अपने घर व परिवार तक ही सीमित थी। घर में रहकर वे सभी की जरूरतों को पूरा करती थीं और खुदा से पूरे दिल से जुड़ी रहकर उसकी इबादत में लीन रहती थीं। उनकी सोच सबके लिए भला सोचना था। वे दूसरों के हित की चिंता करती थीं। मैंने अपनी अम्मा के जीवन से यह शिक्षा प्राप्त की थी, ''यह जरूरी नहीं

कि आप कितने बड़े व छोटे कार्य से जुड़े रहते हैं, बल्कि महत्त्वपूर्ण यह है कि उस कार्य के प्रति आप में कितना समर्पण भाव है तथा आप में अपनी जिम्मेदारी निभाने की कितनी क्षमता व सामर्थ्य है।''

मेरे पिताजी 102 वर्ष तक जीवित रहे। अपनी मौत के बाद वे अपने पीछे एक बड़ा परिवार छोड़कर गए थे, जिसमें उनके 15 पौत्र थे। उनकी मौत से मैं बहुत व्यथित हुआ था। मैं थुंबा से अपने घर को लौटा था, जहाँ मैं अपनी माँ के निकट काफी देर तक बैठा रहा। जब मैं वहाँ से जाने लगा, मेरी माँ ने भरी आवाज में मुझे आशीर्वाद दिया। मैं उस समय एस.एल. वी.-3 रॉकेट बनाने से जुड़ा हुआ था और वहाँ मुझे अपने काम पर दोबारा से लौटना था। मेरी माँ ने एक बार भी मुझे रुकने को नहीं कहा। अब मैं सोचता हूँ कि क्या मुझे अपनी माँ के पास नहीं रुकना चाहिए था? क्या मुझे अपने कार्य को इतना महत्त्व देना चाहिए था? क्या अपनी माँ को कुछ और समय नहीं देना चाहिए था? क्योंकि उसके बाद मैं उनसे कभी नहीं मिल सका। मैं अपने आपसे कई बार यह पूछता हूँ, पर मुझे इसका कोई जवाब नहीं मिलता। मेरी माँ भी मेरे पिता के देहांत के बाद जल्दी ही चल बसी थीं। वह मेरे पिता के साथ पूरी तरह से जुड़ी हुई थीं तथा 80

मेरे पिताजी 102 वर्ष तक जीवित रहे। अपनी मौत के बाद वे अपने पीछे एक बड़ा परिवार छोड़कर गए थे, जिसमें उनके 15 पौत्र थे। उनकी मौत से मैं बहुत व्यथित हुआ था। मैं थुंबा से अपने घर को लौटा था, जहाँ मैं अपनी माँ के निकट काफी देर तक बैठा रहा। जब मैं वहाँ से जाने लगा, मेरी माँ ने भरी आवाज में मुझे आशीर्वाद दिया।

वर्षों तक उन्होंने उनका साथ दिया था। अब वे उनकी जुदाई बरदाश्त नहीं कर सकती थीं।

माँ की मौत की खबर सुनकर मैं उनकी यादों में डूब गया था। मैं तुरंत ही रामेश्वरम पहुँचा। दो व्यक्तित्व, जिन्होंने मेरी परवरिश ही नहीं की थी बल्कि मेरे व्यक्तित्व व मेरे जीवन को नया मोड़ भी दिया था और मुझे नई सोच प्रदान की थी, वे दोनों ही इस संसार में नहीं थे। अब मुझे अपनी बाकी की जिंदगी उनके बिना ही गुजारनी थी। मैं अपनी बाकी की जिंदगी उनकी देख-रेख के बिना ही गुजारूँगा। मैं जानता था कि एक के बिना दूसरा ज्यादा देर नहीं जी सकता था। इसी सोच ने मुझे कुछ शांति व सांत्वना दी थी। मैं उसी मसजिद में गया, जहाँ मेरे पिताजी मुझे अपने साथ लेकर जाते थे। इस मसजिद की अजान हम सबको इकट्ठा करती थी। हमारे माता-पिता हम सबको इस दुआ में लेकर जाते थे। बचपन की यादें अभी भी ताजा हैं—हम सबकी मीठी यादें, हमारी भावनाएँ, जो पूरे परिवार से जुड़ी थीं। वह माँ, जो अपने बेटे की भावनाओं को समझ सकती थीं तथा उन भावनाओं की कद्र करती थीं, वे यादें आज भी मेरे दिलो-दिमाग में बसी हुई हैं।

माँ की मौत की खबर सुनकर मैं उनकी यादों में डूब गया था। मैं तुरंत ही रामेश्वरम पहुँचा। दो व्यक्तित्व, जिन्होंने मेरी परवरिश ही नहीं की थी बल्कि मेरे व्यक्तित्व व मेरे जीवन को नया मोड़ भी दिया था और मुझे नई सोच प्रदान की थी, वे दोनों ही इस संसार में नहीं थे। अब मुझे अपनी बाकी की जिंदगी"

मेरी बहन जोहरा

हमारा एक बड़ा परिवार था। मैं अपने दस बहन-भाइयों में एक हूँ। मेरे भाइयों और बहनों के अलावा कई दूर के रिश्तेदार तथा चचेरे व ममेरे भाई भी थे, जो कि अकसर हमारे साथ ही रहते थे। हम सब एक साथ ही रहते थे। अकेलापन तथा बोर होना क्या होता है, किसी को भी मालूम नहीं था। हमारे आस-पास कई पेड़ थे। हम उनपर चढ़ने के लिए आतुर रहते थे। हम कोई-न-कोई खेल खेलते रहते थे तथा हर समय किसी नई योजना पर विचार होता रहता था। हम सब हमेशा खुश रहते थे, सब मिलकर किसी नई शरारत में डूबे रहते थे। हर दिन कोई नई तकरार होती और बाद में उसे सुलझा लिया जाता। कभी-कभी शरारतें करते, परंतु एक-दूसरे की मदद के लिए हर समय तैयार रहते थे।

मेरी बहन जोहरा हम सब भाई-बहनों में बड़ी थीं। वे घर की और लड़कियों की तरह बड़ी हुई थीं। उन्होंने स्कूल में जाकर पढ़ाई की थी, लेकिन वे हर समय घर के कामों में मदद करती थीं। यकीनन वे मेरी माँ के साथ हर समय जुड़ी रहती थीं। उन्हें माँ का नजदीकी दोस्त कहा जा सकता था। माँ और बेटी का रिश्ता एक दोस्ती में बदल चुका था, क्योंकि वे दोनों ही घर की जिम्मेदारियों से जुड़ी रहती थीं।

मेरी बहन जोहरा हम सब भाई-बहनों में बड़ी थीं। वे घर की और लड़कियों की तरह बड़ी हुई थीं। उन्होंने स्कूल में जाकर पढ़ाई की थी, लेकिन वे हर समय घर के कामों में मदद करती थीं। यकीनन वे मेरी माँ के साथ हर समय जुड़ी रहती थीं। उन्हें माँ का नजदीकी दोस्त कहा जा सकता था। माँ और बेटी का रिश्ता एक

दोस्ती में बदल चुका था, क्योंकि वे दोनों ही घर की जिम्मेदारियों से जुड़ी रहती थीं। वे दोनों ही घर के काम, जैसे सफाई, खाना बनाना, दूसरों की देखभाल करना, बच्चों की छोटी-मोटी चोटों की सफाई करना तथा बच्चों की बहती नाक को साफ करना उनके छोटे-छोटे कामों में शामिल होता था। मेरी माँ की तरह ही मेरे लिए उनके मन में एक कोना सुरक्षित था। वे मेरे भविष्य के बारे में चिंतित रहती थीं। उन्हें मेरे सपनों की फिक्र थी, जो बचपन से ही उजागर थे। मैं अपने दोस्तों की तरह शरारती बालक नहीं था। मैं हर समय पुस्तकों व कागजों से ही घिरा रहता और अन्य लड़कों की तरह घूमने-फिरने में विश्वास नहीं रखता था। जोहरा मेरा खयाल रखती थीं। वे सजग रहती थीं कि उनके भाई का भोलापन नष्ट न हो।

> ***मेरे बचपन के दिनों में हमारे साथ हमारा रिश्ते का एक भाई मेरी जिंदगी में आया, जो आठवीं कक्षा तक पढ़ा हुआ था। उसे अंग्रेजी में बात करना व लिखना आता था। इन सबके अलावा उसका जीवन के प्रति व्यापक दृष्टिकोण था। वह रामेश्वरम की लहरों से आगे भी सोच सकता था।***

मेरे बचपन के दिनों में हमारे साथ हमारा रिश्ते का एक भाई मेरी जिंदगी में आया, जो आठवीं कक्षा तक पढ़ा हुआ था। उसे अंग्रेजी में बात करना व लिखना आता था। इन सबके अलावा उसका जीवन के प्रति व्यापक दृष्टिकोण था। वह रामेश्वरम की लहरों से आगे भी सोच सकता था। कुछ ही दिनों में वह हम सबके नजदीक आ चुका था और हमारी जिंदगी के साथ जुड़ चुका था।

जलालुद्दीन मुझे पसंद करता था। वह मेरी कौतूहल भरी बातों को समझता था और मुझे मेरे प्रश्नों के उचित जवाब देता था तथा जो भी

शंकाएँ मेरे दिमाग में जागती थीं, उनका निदान करता था। मैं अकसर अपने इर्द-गिर्द होनेवाली घटनाओं के बारे में जानकारी लेना चाहता था, जैसे—पक्षी क्यों उड़ते हैं? बारिश कैसे आती है? रेल का इंजन कैसे काम करता है? ऐसी अनेक बातें, जिनका संबंध हमारी रोज की गतिविधियों से होता है। जलालुद्दीन यह जान चुके थे कि मेरी सोच रामेश्वरम के स्कूल तक ही सीमित नहीं थी। उसने मेरे पिता को उच्च शिक्षा के लिए मुझे रामनाथपुरम् भेजने की सलाह दी, जहाँ कई बेहतर एवं बड़े स्कूल थे तथा जहाँ शिक्षा का स्तर ऊँचा था।

अब मेरी जिंदगी में परिवर्तन आ गया था। अपनी शिक्षा को रामनाथपुरम पर समाप्त करके मैंने मद्रास (अब चेन्नई) शहर में इंजीनियरिंग की उच्च शिक्षा के लिए मद्रास प्रौद्योगिकी संस्थान (एम.आई.टी.) में जाने का निर्णय लिया। इसी बीच मेरी बहन तथा जलालुद्दीन का विवाह हो गया था। वे दोनों ही मेरी तरक्की तथा मेरे सपनों को नए आयाम देनेवाले थे। जोहरा मुझे उत्साहित करती थीं कि मुझे अपने सपनों को और साकार करना चाहिए, जबकि जलालुद्दीन मेरी प्रेरणा का स्रोत थे। वे मेरे गुरु भी थे। हमारी आर्थिक स्थिति बहुत अच्छी नहीं थी। हमारे

अब मेरी जिंदगी में परिवर्तन आ गया था। अपनी शिक्षा को रामनाथपुरम पर समाप्त करके मैंने मद्रास (अब चेन्नई) शहर में इंजीनियरिंग की उच्च शिक्षा के लिए मद्रास प्रौद्योगिकी संस्थान (एम.आई.टी.) में जाने का निर्णय लिया। इसी बीच मेरी बहन तथा जलालुद्दीन का विवाह हो गया था। वे दोनों ही मेरी तरक्की तथा मेरे सपनों को नए आयाम देनेवाले थे।

परिवार की जरूरतें मेरे पिताजी के कारोबार से पूरी होती थीं। मैं नहीं जानता था कि किस तरह मेरे पिताजी दाखिले के लिए 600 रुपए जुटा पाएँगे! आज यह रकम बहुत छोटी लगती है, परंतु उस समय यह हमारे लिए लगभग 1 लाख रुपए के बराबर थी।

मेरी बहन की तरफ से यह एक अद्‌भुत भेंट थी। उन्होंने अपने पति से कहा कि मेरे भाई को दाखिला लेने से कोई नहीं रोक सकता। मेरे माता-पिता ने मेरी बहन को कुछ गहने भेंट-स्वरूप दिए थे। भारतीय रिवाज के अनुसार विभिन्न समारोहों तथा अवसरों पर महिलाएँ इन गहनों को पहनती हैं; लेकिन कुछ महिलाएँ संकट काल के लिए इन गहनों को रखती थीं—इन्हें बारिश की वजह से हुए नुकसान तथा आनेवाले खतरों से निपटने के लिए धरोहर की तरह इस्तेमाल करती थीं। मेरी बहन ने एक क्षण में यह निर्णय ले लिया कि वे इन गहनों को किसी साहूकार के पास गिरवी रखकर यह रकम देंगी। जबकि एक विवाहित स्त्री होते हुए वह वे गहने अपने परिवार की जरूरत के लिए रख सकती थीं; परंतु उनके लिए सबसे ज्यादा जरूरी मेरा भविष्य था।

मेरी बहन की तरफ से यह एक अद्‌भुत भेंट थी। उन्होंने अपने पति से कहा कि मेरे भाई को दाखिला लेने से कोई नहीं रोक सकता। मेरे माता-पिता ने मेरी बहन को कुछ गहने भेंट-स्वरूप दिए थे। भारतीय रिवाज के अनुसार विभिन्न समारोहों तथा अवसरों पर महिलाएँ इन गहनों को पहनती हैं।

मैं अपनी बड़ी बहन की इस भावना से बहुत प्रभावित हुआ। यह वह मदद थी, जो बिना किसी स्वार्थ के मेरी बहन ने मुझे दी थी।

मुसीबत के समय मेरी बहन के पास हर समस्या का समाधान मिल जाता था। उन्होंने अच्छी नीयत से मुझे यह राशि दी। उन्हें यकीन था कि उनका भाई कड़ी मेहनत करेगा तथा अपनी पढ़ाई को पूरा करेगा। उन्हें मुझ पर पूरा भरोसा था। उन्होंने सोने की चेन तथा चूड़ियाँ गिरवी रखकर मेरे दाखिले के लिए पैसों का इंतजाम किया। इस तरह एम.आई.टी. में मेरा दाखिला हो गया। मैंने भी यह प्रण किया कि एक दिन अपनी कमाई से मैं उनके गहने वापस दिलाऊँगा। मैंने कड़ी मेहनत करके स्कॉलरशिप हासिल कर उनके गहनों को छुड़वाया।

मेरी माँ की तरह मेरी बहन जोहरा ने भी अपना जीवन रामेश्वरम में बिताया। वे मेरी माँ जैसी निपुण व हँसमुख थीं। दोनों गुणों को ही मैं प्रेरणादायक मानता हूँ, जो अधिकतर स्त्रियों में देखने को मिलते हैं। इस तरह की स्त्रियों को मुसीबत के समय में ज्यादा देर तक नहीं दबाया जा सकता था। वे अपनी जरूरतों की परवाह न करके अपने पिता व बच्चों के लिए सोचती थीं। उनके लिए अपने पिता, छोटे भाई-बहनों की जरूरतें अधिक महत्त्वपूर्ण थीं। वे कभी भी अपनी जरूरतों के बारे में नहीं सोचती थीं। मैं नहीं जानता कि उनके सपने क्या थे! कई बार किस्मत, रीति-रिवाजों एवं हालात ने उनको परखा; लेकिन वह हर परिस्थिति का समाधान अपनी मेहनत व समझ से निकाल लेती थीं।

मेरी माँ की तरह मेरी बहन जोहरा ने भी अपना जीवन रामेश्वरम में बिताया। वे मेरी माँ जैसी निपुण व हँसमुख थीं। दोनों गुणों को ही मैं प्रेरणादायक मानता हूँ, जो अधिकतर स्त्रियों में देखने को मिलते हैं। इस तरह की स्त्रियों को मुसीबत के समय में ज्यादा देर तक नहीं दबाया जा सकता था।

हर समस्या के बाद उनमें नई शक्ति आ जाती थी। वे अपने परिवार को अच्छी सलाह देने, अपने चाहनेवालों को हर मुसीबत से बाहर निकालने का साहस रखती थीं। उनकी सहायता व सुझाव प्रेम से परिपूर्ण होते थे, जो सबके दिलों में बस जाते थे।

□

मेरे पहले गुरु अहमद जलालुद्दीन

मेरे जीवन में संकट के समय कुछ ऐसे खास लोग आए, जिन्होंने मेरे विचारों को नया मोड़ दिया। कभी-कभी तो उन्होंने मेरे जीवन की धारा ही बदल दी। मैं हमेशा उनका एहसानमंद रहूँगा और उन्हें रोज याद करता रहूँगा। अगर मैं संसार में पूरे समय तक रहूँगा तो मैं जानता हूँ कि मुझे क्या करना है! मैं इन लोगों की याद में अपना समय बिताऊँगा, जिन्होंने मेरे जीवन को आकार दिया। ये लोग मेरे जीवन में सूर्य के समान हैं, जो मेरे चेहरे पर खुशी लाए तथा हवा के झोंकों की तरह मुझे गले लगाया। मेरे जीवन में अहमद जलालुद्दीन ऐसे ही व्यक्ति थे।

जब मैं छोटा लड़का था, मेरे पिताजी ने 'फेरी' कारोबार शुरू करने के लिए नाव बनाने का फैसला लिया। मैं नाव बनती देखकर मुग्ध हो रहा था। कैसे लकड़ी का हर तख्ता सही जगह पर रखा जाता था और धीरे-धीरे नाव का बाहरी हिस्सा नजर आने लगा था। उन दिनों समुद्र के तट से खुद को हटाने में मुझे बहुत कठिनाई हो रही थी, जहाँ नाव बनाई जा रही थी। जलालुद्दीन भी रामेश्वरम में रहते थे और मेरे पिताजी की मदद करते थे। सबसे पहले उन्होंने ध्यान दिया कि मैं बड़ी दिलचस्पी से नाव बनते देखता हूँ। उस काम में लगे अन्य लोगों से अलग वह रोज मुझसे बातचीत करते और मुझे काफी समय देते थे। हम नाव के बारे में

बातें करते कि इसे कैसे बनाना चाहिए, कैसे रँगना चाहिए आदि। मेरे तथा जलालुद्दीन के बीच समान मित्रता नहीं थी। मैं छोटा बालक था और वे उम्र में मुझसे कितने बड़े! लगभग 15 वर्ष का अंतर।

हमारी बातचीत ने धीरे-धीरे नया मोड़ ले लिया। जैसे दिन सालों में बदलते गए और हम अधिक बड़े हो गए। जलालुद्दीन अब मेरे जीजाजी थे। मेरी बहन जोहरा से उनकी शादी हो चुकी थी। हमारा रिश्ता और अधिक गहरा हो गया। मुझे स्पष्ट याद है, जब हम रामेश्वरम की सैर करते थे। हर शाम मसजिदवाली गली से सैर शुरू होती और हम समुद्र के किनारे सैर करते रहते। उस समय पूरे शहर में चहल-पहल होती थी। श्रद्धालु मंदिर आते-जाते थे। हमारा पहला पड़ाव शिव मंदिर होता था, जहाँ परिक्रमा करते हुए लोगों के साथ हमारे कदम धीमे पड़ जाते थे। कुछ लोग घुटनों के बल बैठकर प्रार्थना करते थे, कुछ लोग बूढ़े माँ-बाप या रिश्तेदारों को मंदिर लाने व ले जाने में मदद करते थे। इन लोगों से मिलकर हमारी सोच भी धार्मिक विषयों की ओर घूम जाती और अकसर हम ईश्वर के बारे में बातें करते थे।

हमारी बातचीत ने धीरे-धीरे नया मोड़ ले लिया। जैसे दिन सालों में बदलते गए और हम अधिक बड़े हो गए। जलालुद्दीन अब मेरे जीजाजी थे। मेरी बहन जोहरा से उनकी शादी हो चुकी थी। हमारा रिश्ता और अधिक गहरा हो गया। मुझे स्पष्ट याद है, जब हम रामेश्वरम की सैर करते थे।

जलालुद्दीन का ईश्वर या खुदा से रिश्ता मेरे पिताजी से अलग था। मेरे पिताजी पाक इनसान थे, जो खुदा से बंदगी के सभी कायदों

का पालन करते थे। वे केवल बाहर से ही नहीं, बल्कि अंतर्मन की गहराई से ऐसा करते थे। नमाज पढ़ना उनके लिए साँस लेने या खाना खाने जैसा जरूरी था। लेकिन जलालुद्दीन के लिए खुदा या ईश्वर दोस्त था। वे उससे बातें करते, उसे अपनी सारी समस्याएँ बताते; जैसे खुदा जीती-जागती हस्ती है! उनके लिए यह समझ से परे था कि यदि जलालुद्दीन अपनी दुविधा सामने रखेगा तो खुदा कोई रास्ता नहीं सुझाएगा। जब हम श्रद्धालु जन के साथ-साथ चलते थे, उन्हें पूजा-पाठ करते देखते थे, तब मैं जलालुद्दीन की बातें भी सुनता था। वे दोनों मत परस्पर घुलते जाते थे और मेरे मन में एक होकर ढलते जाते थे—क्या यह मुमकिन था कि रामेश्वरम के शांत, पवित्र माहौल में अलग-अलग भाषा-भाषी, अलग-अलग धर्मावलंबी लोगों की प्रार्थनाएँ अलग-अलग देवताओं व आराध्यों के पास पहुँचती हैं? ऐसा नहीं हो सकता। मेरा मानना था कि एक ही सत्ता है, जो हर किसी की सुनती है। मैं भी हैरान था कि मेरे दोस्त के पास खुदा को देखने, हर जगह देखने की अनोखी कड़ी थी। इसी वजह से वह उनसे बात करता है, हर जगह उन्हें देखता है और इसी कड़ी या संबंध के कारण वह खुलकर खुदा से बात कर सकता है।

जब हम श्रद्धालु जन के साथ-साथ चलते थे, उन्हें पूजा-पाठ करते देखते थे, तब मैं जलालुद्दीन की बातें भी सुनता था। वे दोनों मत परस्पर घुलते जाते थे और मेरे मन में एक होकर ढलते जाते थे—क्या यह मुमकिन था कि रामेश्वरम के शांत, पवित्र माहौल में अलग-अलग भाषा-भाषी, अलग-अलग धर्मावलंबी लोगों की प्रार्थनाएँ अलग-अलग देवताओं व आराध्यों के पास पहुँचती हैं?

जलालुद्दीन बहुत अधिक पढ़े-लिखे नहीं थे। वे सिर्फ आठवीं कक्षा तक ही पढ़ पाए थे, क्योंकि वे अपने परिवार के लिए कुछ कमाना शुरू कर चुके थे। लेकिन रामेश्वरम में अंग्रेजी भाषा को जाननेवाले कुछ ही खास लोग थे। वे अंग्रेजी पढ़-लिख सकते थे, इसलिए वहाँ के निवासियों को उनकी बहुत जरूरत थी। वे उनकी अरजी या कोई सरकारी पत्र लिखने में व्यस्त रहते। नगरवासी उनका मान-सम्मान करते थे। मैं भी उन जैसा बनना चाहता था और पढ़ना-लिखना चाहता था। शायद बेहतर शैक्षिक पृष्ठभूमि के कारण जलालुद्दीन उन लोगों में से थे, जिनमें जिज्ञासा और ज्ञान-पिपासा थी। यह मेरे भीतर तक प्रवाहित हुई। उन दिनों मुझे सबकुछ सीखने की रुचि जाग्रत् हो गई थी और यह मेरे जीजाजी ही थे, जो मेरी शंकाओं को दूर करके मुझे संतुष्ट करते थे। मैं अधिक-से-अधिक जानकारी पाना चाहता था और वे धीरज के साथ उत्तर देते जाते। जितना ज्ञान था, उसके मुताबिक हर सवाल का जवाब देते। वे प्रकृति, अंतरिक्ष, वैज्ञानिक, आविष्कार, पुस्तक-साहित्य और महान् पुरुषों आदि अनेक प्रकार के विषयों पर बातें करते, जो हमारे दैनिक जीवन और आस-पास के माहौल से बाहर के विषय थे। इस चर्चा-परिचर्चा से मेरी आँखें भी खुलीं।

जलालुद्दीन बहुत अधिक पढ़े-लिखे नहीं थे। वे सिर्फ आठवीं कक्षा तक ही पढ़ पाए थे, क्योंकि वे अपने परिवार के लिए कुछ कमाना शुरू कर चुके थे। लेकिन रामेश्वरम में अंग्रेजी भाषा को जाननेवाले कुछ ही खास लोग थे। वे अंग्रेजी पढ़-लिख सकते थे, इसलिए वहाँ के निवासियों को उनकी बहुत जरूरत थी।

अकसर हमारे चिंतन का एक प्रमुख विषय होता था कि हमारे व्यक्तित्व का सृजन कौन करता है ? माहौल इसमें कैसी भूमिका अदा करता है और यह कितना सहज है ? जब मैं अपने अतीत को देखता हूँ, तो इस बिंदु पर उँगली रखता हूँ, जिससे मुझे प्रेरणा मिलती है। अपने माता-पिता से मैंने ईमानदारी, आत्म-संयम, भरोसा करना और दया-भाव रखना सीखा। मेरे सबसे करीबी मित्र जलालुद्दीन और चचेरे भाई शम्सुद्दीन थे, जिनसे मैंने यह पहचानना सीखा कि हर इनसान में कोई खास गुण होता है। इन लोगों ने मुझमें काबिलियत देखी और मुझे प्रोत्साहित किया। वे जीवन के प्रति सरल व सहज दृष्टिकोण रखते थे। मैं उनके सामने खुद को, मन को, विचारों को खुलकर रखता था; परंतु वे इससे पहले ही मेरे प्रश्न और मेरी मंशा भाँप लेते थे। बाद में वे मेरे मुँह से सबकुछ कहलवा लेते थे और जीवन का लक्ष्य पाने में मेरी मदद करते थे।

अकसर हमारे चिंतन का एक प्रमुख विषय होता था कि हमारे व्यक्तित्व का सृजन कौन करता है ? माहौल इसमें कैसी भूमिका अदा करता है और यह कितना सहज है ? जब मैं अपने अतीत को देखता हूँ, तो इस बिंदु पर उँगली रखता हूँ, जिससे मुझे प्रेरणा मिलती है। अपने माता-पिता से मैंने ईमानदारी, आत्म-संयम, भरोसा करना और दया-भाव रखना सीखा।

जलालुद्दीन उन लोगों में से एक थे, जिन्होंने जैसे ही मैं बड़ा हुआ, मुझे रामेश्वरम से बाहर निकाला। जब मैं अपनी पढ़ाई किसी और शहर में जाकर बड़े स्कूल में करना चाहता था, तब सिर्फ वही थे, जो मेरे साथ रामनाथपुरम गए और वहाँ मेरा सारा इंतजाम किया तथा श्वाट्‌र्ज

हाई स्कूल में जाने की व्यवस्था की। जिस शहर में मैं बड़ा हुआ, वहाँ से बाहर की दुनिया को मैं जानता ही नहीं था। इसलिए रामनाथपुरम में जाना ही बहुत बड़ा बदलाव था। मैं अपने परिवार, आस-पड़ोस, माँ और उनके हाथ के बने खाने को याद करता था। उस समय जलालुद्दीन ही थे, जो मुझमें सही सोच की ताकत जगा रहे थे। वे मुझे बताते थे कि अच्छी शिक्षा पाने के लिए मुझे अपनी इच्छाओं पर काबू पाने एवं संयम बरतने की जरूरत है। जब भी मुझे घर की याद आती, मैं उनके शब्दों को याद करता था। उनसे मुझे प्रोत्साहन मिलता था और यह प्रेरणा मिलती थी कि मैं छात्रावास के जीवन में डूब जाऊँ।

जब तक मैं वयस्क नहीं हो गया तब तक कोई था, जो मेरी क्रिया, प्रतिक्रिया, अनुक्रिया पर नियंत्रण रखता था। वह हमेशा मेरे साथ चलता। जब भी मैं डगमगाने लगता, वह मुझे सँभालता। जब भी मैं महसूस करता कि मैं लगातार ऐसा नहीं कर सकता, बाहरी संसार की ओर अपने कदम नहीं उठा सकता, तब वह व्यक्ति मेरा मनोबल बढ़ाता।

जब तक मैं वयस्क नहीं हो गया तब तक कोई था, जो मेरी क्रिया, प्रतिक्रिया, अनुक्रिया पर नियंत्रण रखता था। वह हमेशा मेरे साथ चलता। जब भी मैं डगमगाने लगता, वह मुझे सँभालता। जब भी मैं महसूस करता कि मैं लगातार ऐसा नहीं कर सकता, बाहरी संसार की ओर अपने कदम नहीं उठा सकता, तब वह व्यक्ति मेरा मनोबल बढ़ाता। मैं उस दिन को कैसे भूल सकता हूँ, जब वह व्यक्ति और शम्सुद्दीन बंबई (अब मुंबई) के सांताक्रूज एयरपोर्ट पर मेरे साथ थे; क्योंकि मैं कुछ ऐसा करने जा रहा था, जिसकी रामेश्वरम में 20 साल

पहले किसी ने कल्पना तक नहीं की थी। मैं छह महीने के लिए प्रशिक्षण कार्यक्रम में भाग लेने के लिए अमेरिका में 'नासा' (NASA) जा रहा था। मैं अब इंजीनियर बन चुका था और 'भारतीय अंतरिक्ष अनुसंधान संगठन' (ISRO) मुझे रॉकेट इंजीनियर के तौर पर अमेरिका भेज रहा था।

जलालुद्दीन और शम्सुद्दीन ने मुझे सांताक्रूज एयरपोर्ट पर छोड़ा। बंबई जैसे शहर से मेरी विदेश-यात्रा को लेकर होनेवाली घबराहट देखकर वे चिंतित थे। अभी वे गरिमा का भाव ओढ़ते हुए मुझे सँभाल रहे थे। मैं एयरपोर्ट की ओर जाते हुए उन्हें याद कर रहा था। उनकी सही सोच की ताकत तथा आशावाद लहर की तरह मेरे पास पहुँच रहे थे। वहाँ खड़े-खड़े उनके प्रति अपने मन में उमड़ रहे प्रेम-भाव को मैं रोक नहीं पाया और मेरी आँखों में आँसू उमड़ आए। आँसुओं से मेरी दृष्टि धुँधली पड़ रही थी। मैंने उन्हें थाम लिया।

जलालुद्दीन और शम्सुद्दीन ने मुझे सांताक्रूज एयरपोर्ट पर छोड़ा। बंबई जैसे शहर से मेरी विदेश-यात्रा को लेकर होनेवाली घबराहट देखकर वे चिंतित थे। अभी वे गरिमा का भाव ओढ़ते हुए मुझे सँभाल रहे थे। मैं एयरपोर्ट की ओर जाते हुए उन्हें याद कर रहा था। उनकी सही सोच की ताकत तथा आशावाद लहर की तरह मेरे पास पहुँच रहे थे।

तब जलालुद्दीन ने कहा, "अब्दुल, हम हमेशा तुमसे प्रेम करते रहे हैं, भरोसा करते रहे हैं। हमें तुम पर गर्व है और हमेशा रहेगा।"

मैं उनके प्रोत्साहन से भरे वे शब्द कैसे भूल सकता हूँ!

अब मैं सोचता हूँ कि जलालुद्दीन ने सिर्फ मेरे हाथ ही नहीं

थामे, इस संसार की लंबी दौड़ के बारे में भी बताया था। उन्होंने मुझे जीना सिखाया। मैं अपने विचारों और रचनात्मक सोच की प्रक्रिया के साथ बड़ा हुआ, जिस पर उनका गहरा प्रभाव पड़ा था। जब मैं अपने परिवार और उनसे बहुत दूर हो गया था, तब भी संसार में रास्ता बनाते समय उनका प्रभाव मेरे साथ रहा। अगर उन्होंने मुझे जीवन जीने के तरीके सिखाए, तब यह कैसे हो सकता है कि वे मुझे जीवन और मृत्यु के कठोर, कटु एवं अटल सत्य को नहीं सिखाते!

जब मैं 'भारतीय अंतरिक्ष अनुसंधान संगठन' (ISRO) के लिए एस.एल.वी.-3 रॉकेट की परियोजना पर कार्य कर रहा था, तब एक दिन यह खबर मिली कि मेरे मित्र और मार्गदर्शक मेरे जीजाजी जलालुद्दीन नहीं रहे। यह मेरे लिए गहरा आघात था। जलालुद्दीन की इतनी उम्र नहीं थी। यह कैसे हो सकता है? हम सब जिंदा हैं, लेकिन वे अब नहीं हैं।

जब मैं 'भारतीय अंतरिक्ष अनुसंधान संगठन' (ISRO) के लिए एस.एल.वी.-3 रॉकेट की परियोजना पर कार्य कर रहा था, तब एक दिन यह खबर मिली कि मेरे मित्र और मार्गदर्शक मेरे जीजाजी जलालुद्दीन नहीं रहे। यह मेरे लिए गहरा आघात था। जलालुद्दीन की इतनी उम्र नहीं थी। यह कैसे हो सकता है? हम सब जिंदा हैं, लेकिन वे अब नहीं हैं। सदमे में मैं जो शब्द बोल रहा था, मुझे याद है, उनका कोई खास अर्थ नहीं था। मैं कुछ देर के लिए चल नहीं सका, महसूस नहीं कर पा रहा था। मैं कुछ सोच भी नहीं पा रहा था। आखिरकार मैंने स्वयं को सँभाला, अपने साथियों को निर्देश दिए और रामेश्वरम जाने की तैयारी करने लगा।

जब मैं घर की ओर यात्रा कर रहा था, तब बस के अंदर कराहते और हाँफते हुए आया। खुली खिड़की से हवा आ रही थी। लोगों के बीच में होने पर भी मैंने खुद को अकेला महसूस किया। शायद हर किसी के जीवन में यह समय आता है, जब हमारा बचपन का साथी हमें पीछे छोड़ चला जाता है—मैं भी वैसा ही था। जलालुद्दीन मेरे जीवन का एक हिस्सा थे, वे चले गए। चला गया था वह, जो जानता था कि वह जब भी कुछ करता है, वहाँ प्रेम से भरे हाथ उसे थामने के लिए तैयार रहते हैं, उसे रास्ता दिखाते हैं। जब मैं आँखें बंद करता, तब रामेश्वरम छोड़ते समय मेरी पुस्तकें खरीदने के लिए पैसों का इंतजाम करते हुए, सांताक्रूज एयरपोर्ट पर खड़े हुए, आँखों में आँसू भरे जलालुद्दीन को देखता। गर्व के आँसू सिर्फ वही महसूस कर सकते हैं, जो सच्चा प्रेम करते हैं। वे बच्चे की तरह मुझे समझते थे। मैं उन्हें चाँद-सितारों की ओर नजर टिकाते हुए यह स्पष्ट करते हुए देख रहा था कि सूरज जब समुद्र में डूबता है, तब कहाँ जाता है। मैं जलालुद्दीन को छोटे शहर के रेतीले समुद्र तट पर अपने साथ चलते हुए देख रहा था।

जब मैं घर की ओर यात्रा कर रहा था, तब बस के अंदर कराहते और हाँफते हुए आया। खुली खिड़की से हवा आ रही थी। लोगों के बीच में होने पर भी मैंने खुद को अकेला महसूस किया। शायद हर किसी के जीवन में यह समय आता है, जब हमारा बचपन का साथी हमें पीछे छोड़ चला जाता है—मैं भी वैसा ही था।

जब मैं घर पहुँचा, मेरी बहन शोक में डूबी हुई थी। उसके साथ मेरा छोटा सा भतीजा महबूब था, जिसके पिता समय से पहले ही

चले गए थे। मैं अपने पिताजी से मिला, जो अब लगभग सौ साल के हो चुके थे। पहली बार मुझे लगा कि वे बूढ़े हो गए हैं। अपने दामाद के खोने के गम में उनमें कुछ बदलाव नजर आ रहा था। पूरे समय मैं उनके चले जाने पर आँसू बहाता रहा। यह इसलिए हुआ, क्योंकि मैं उनकी धुँधली यादों के कारण सुन्न हो गया था। अंतिम संस्कार के बाद बेहद अनुशासनप्रिय मेरे पिताजी ने मेरे हाथ थामे और मुझे अपने पीछे बिठा लिया। पहली बार मैंने ध्यान दिया कि उन्होंने भी आँसू नहीं बहने दिए। उन्होंने मुझसे कहा, ''अब्दुल, क्या तुम नहीं देख रहे हो कि कैसे खुदा हमें ताकत देता है? सब उसकी मरजी से होता है। उसने हमें अचल, अपरिवर्तनशील बनाया है। लेकिन रास्ता दिखाने के लिए सूरज बनाया है, जो धीरे-धीरे हमारा मार्ग प्रशस्त करता है। वह परछाइयों को कभी छोटा बना देता है। हमारे आराम के लिए रात बनाई है और जलालुद्दीन को चिर निद्रा में भेज दिया है। ऐसी नींद, जहाँ कोई सपना नहीं, बेसुध होकर वह आराम कर रहा है। अल्लाह की मरजी से सबकुछ होता है और हमें उसपर भरोसा करना है।''

अब्दुल, क्या तुम नहीं देख रहे हो कि कैसे खुदा हमें ताकत देता है? सब उसकी मरजी से होता है। उसने हमें अचल, अपरिवर्तनशील बनाया है। लेकिन रास्ता दिखाने के लिए सूरज बनाया है, जो धीरे-धीरे हमारा मार्ग प्रशस्त करता है। वह परछाइयों को कभी छोटा बना देता है। हमारे आराम के लिए रात बनाई है और जलालुद्दीन को चिर निद्रा में भेज दिया है।

मुझे बहुत धक्का पहुँचा था। मैं अपने पिताजी के शब्दों पर

विचार कर रहा था। मैंने ऐसा कभी नहीं देखा था कि मौत से डरने जैसा भी कुछ होता है। अभी जो दु:ख था, उसे मैं टाल नहीं सकता था। जब हमारा समय आएगा, हमें जाना होगा। परंतु कुछ लोग समय से पहले ही चले जाते हैं, जैसे जलालुद्दीन, जो अपने बच्चों को बढ़ते हुए नहीं देख सके, जो उनकी शादी नहीं देख सके और अपने पोते-पोतियों के साथ खेल नहीं सके। दु:ख हमारे दिलों में बसते हैं। यह जीवन की सच्चाई है कि जो हमारे साथ रहते हैं, उन्हें जाना होता है।

मैंने ऐसा कभी नहीं देखा था कि मौत से डरने जैसा भी कुछ होता है। अभी जो दु:ख था, उसे मैं टाल नहीं सकता था। जब हमारा समय आएगा, हमें जाना होगा। परंतु कुछ लोग समय से पहले ही चले जाते हैं, जैसे जलालुद्दीन, जो अपने बच्चों को बढ़ते हुए नहीं देख सके, जो उनकी शादी नहीं देख सके और अपने पोते-पोतियों के साथ खेल नहीं सके।

बहुतों के लिए मेरे मित्र जलालुद्दीन साधारण व्यक्ति थे, परंतु मेरे मित्र और सलाहकार अहमद जलालुद्दीन खास इनसान थे। जो उनके करीब होते थे, उन्हें वे सरलता, समझदारी और प्रेम की शक्ति से उनकी सोच को बदलकर नया आकार देते थे। हर देश और शहर में ऐसा कोई खास इनसान जरूर होता है। मैं खुशनसीब था कि मुझे ऐसा इनसान मिला। उन्होंने मेरे हाथों को कसकर थामा, मुझे एक काबिल व्यक्ति बनाया। एक दिन मैं भी ऐसा ही व्यक्ति बनूँगा।

□

जब मैं फेल हुआ

मैंने लंबे और घटनाओं से भरपूर जीवन की अब तक की रोचक यात्रा में कामयाबी की ऊँचाइयों को छुआ है। मैंने राष्ट्र के विकास के लिए विज्ञान और प्रौद्योगिकी के क्षेत्र में महत्त्वपूर्ण भूमिका अदा की है। मैंने देश के सर्वोच्च पद पर आसीन होने का सौभाग्य भी पाया है। अगर मैं पीछे की ओर देखूँ तो दिखाई देता है कि मुझे जिंदगी में अनेक उपलब्धियाँ मिली हैं। कुछ मेरे प्रयास और कुछ मेरी टीम के प्रयास फलीभूत हुए। यह मेरा सौभाग्य रहा कि मुझे कार्यक्षेत्र में अत्यंत प्रतिभाशाली साथियों का सहयोग मिला। फिर भी, मेरा मानना है कि जब तक कोई व्यक्ति नाकामी की कड़वी गोली नहीं चखता, तब तक वह सफलता के लिए यथेष्ट रूप में प्रोत्साहित या प्रेरित नहीं हो सकता। मैंने सिक्के के दोनों पहलू देखे हैं—नाकामी के साथ निराशा के गर्त में जाने पर मैंने जीवन के सबसे कठोर पाठ सीखे हैं। ये पाठ जिंदगी में हर मोड़ पर याद आते हैं, क्योंकि इनसे मुझे कठिन परिस्थितियों में अपने ढंग से कार्य करने में मदद मिली है।

मेरे जीवन में प्रारंभ में ऐसी ही एक घटना घटित हुई थी। उस समय मैं एम.आई.टी. (मद्रास प्रौद्योगिकी संस्थान) में वैमानिकी (एयरोनॉटिक्स) का छात्र था। मेरे डिजाइन अध्यापक प्रो. श्रीनिवासन थे। वे इस संस्थान के अध्यक्ष भी थे। एक बार चार छात्रों की हमारी

टीम बनाई गई। हमारी टीम को कम ऊँचाई पर उड़नेवाले एक लड़ाकू विमान का डिजाइन तैयार करना था। मैं उस एयरोडायनेमिक डिजाइन तैयार करनेवाली टीम का इंचार्ज था। हमने कई हफ्तों तक कड़ी मेहनत की। मेरी टीम के साथी सभी घटक या पुरजे तैयार कर रहे थे, जैसे—प्रणोदन, ढाँचा, नियंत्रण और यंत्र-विन्यास। जब हमारे पाठ्यक्रम का अन्य कार्य संपन्न हो जाता, तब हम अपने विचारों व अनुसंधान पर घंटों चर्चा करते थे। हम सभी अपनी इस परियोजना से अपने प्रोफेसरों को प्रभावित करना चाहते थे। वे लोग हमारे कार्य की प्रगति पर नजर रखे हुए थे। प्रो. श्रीनिवासन ने मेरे द्वारा तैयार डिजाइन दिखाने को कहा। जब मैंने उन्हें यह दिखाया, उन्होंने समीक्षात्मक ढंग से उसकी जाँच की। मैं पास में खड़ा था और साँस थामे उनका फैसला सुनने का इंतजार कर रहा था। मुझे अभी तक याद है कि वे कैसे मेरे सामने फैले कागज पर भौंह सिकोड़कर डिजाइन देख रहे थे।

हम सभी अपनी इस परियोजना से अपने प्रोफेसरों को प्रभावित करना चाहते थे। वे लोग हमारे कार्य की प्रगति पर नजर रखे हुए थे। प्रो. श्रीनिवासन ने मेरे द्वारा तैयार डिजाइन दिखाने को कहा। जब मैंने उन्हें यह दिखाया, उन्होंने समीक्षात्मक ढंग से उसकी जाँच की। मैं पास में खड़ा था और साँस थामे उनका फैसला सुनने का इंतजार कर रहा था।

तभी वे सीधे खड़े हुए और उनके शब्द सुनकर मैं स्तब्ध रह गया—"यह इतना अच्छा डिजाइन नहीं है, कलाम।" उन्होंने कहा। उन्होंने मुझे कड़ी निगाहों से देखा और अपनी बात जारी रखी—"मुझे

तुमसे ज्यादा उम्मीद थी। यह कार्य निराशाजनक है। मुझे बहुत निराशा हुई। तुम्हारे जैसा होनहार छात्र और ऐसा काम!''

मैं हक्का-बक्का होकर प्रोफेसर की ओर देख रहा था। मैं हर क्लास में होशियार छात्र रहा था और किसी भी कार्य के लिए मुझे कभी भी टीचर की डाँट नहीं सुननी पड़ी। मुझे उनके सामने शर्मिंदगी उठानी पड़ी। यह मेरे लिए नया अनुभव था। मुझे यह बिल्कुल अच्छा नहीं लगा। प्रोफेसर ने फिर सिर हिलाया और बोले कि मुझे दोबारा वह पूरा डिजाइन तैयार करना होगा। मैं शर्मिंदा हो रहा था और मैंने सब मंजूर कर लिया। तब उन्होंने और अधिक कटु शब्द कहे। मुझे वह काम दोबारा ही नहीं करना था, बल्कि मात्र तीन दिनों में उस काम को पूरा करके देना था—''आज शुक्रवार की दोपहर है और मैं सोमवार की शाम तक पूरे विन्यास का आरेख (ड्राइंग) देखना चाहता हूँ। यदि ऐसा नहीं कर पाए तो तुम्हारी स्कॉलरशिप बंद कर दी जाएगी।'' मैं अब और भी ज्यादा परेशान था। मैं इस स्कॉलरशिप के भरोसे ही कॉलेज में पढ़ रहा था। उसके बिना मुझे अपनी पढ़ाई बीच में रोकनी पड़ सकती थी। मेरी महत्त्वाकांक्षा, मेरे माँ-बाप के सपने, मेरी बहन और जलालुद्दीन की

मैं हक्का-बक्का होकर प्रोफेसर की ओर देख रहा था। मैं हर क्लास में होशियार छात्र रहा था और किसी भी कार्य के लिए मुझे कभी भी टीचर की डाँट नहीं सुननी पड़ी। मुझे उनके सामने शर्मिंदगी उठानी पड़ी। यह मेरे लिए नया अनुभव था। मुझे यह बिल्कुल अच्छा नहीं लगा। प्रोफेसर ने फिर सिर हिलाया और बोले कि मुझे दोबारा वह पूरा डिजाइन तैयार करना होगा।

आकांक्षाएँ मेरी आँखों के सामने चलचित्र की तरह घूम गए। मैं सोच भी नहीं सकता था कि प्रोफेसर द्वारा बोले गए कुछ लफ्जों से मुझे अपना भविष्य अंधकारमय दिखाई पड़ने लगेगा।

खुद को साबित करने के लिए दृढ़ निश्चय के साथ मैं तुरंत खड़ा हो गया। मुझे खाने-पीने की सुध नहीं रही। पूरी रात मैं ड्राइंग बोर्ड पर ही काम करता रहा। इससे पहले मेरे डिजाइन के पुरजे मेरे मस्तिष्क में तैर रहे थे, लेकिन अब अचानक वे इकट्ठे होकर सामने आने लगे और ऐसी आकृति एवं रूप स्पष्ट दिखाई देने लगे, जिन पर मैं काम कर सकता था। अपने काम पर एकाग्रचित्त होकर मैंने अपने दिमाग में बुने जाले साफ करने शुरू कर दिए। अगली सुबह मैं साधिकार काम कर रहा था। थोड़ी देर के लिए मैंने काम रोका और कुछ खाया-पीया तथा फ्रेश हो गया। उसके बाद फिर काम करने लगा। रविवार की शाम तक मेरा काम लगभग पूरा हो चुका था—एक साफ-सुथरा डिजाइन, जिस पर मुझे गर्व था। जब मैं डिजाइन को अंतिम रूप दे रहा था, मुझे लगा कि कमरे के अंदर कोई और भी मौजूद है। वे मेरे प्रोफेसर थे। उन्होंने सफेद रंग की टेनिस ड्रेस पहन रखी थी और क्लब से खेलकर लौट रहे थे। मैं नहीं

खुद को साबित करने के लिए दृढ़ निश्चय के साथ मैं तुरंत खड़ा हो गया। मुझे खाने-पीने की सुध नहीं रही। पूरी रात मैं ड्राइंग बोर्ड पर ही काम करता रहा। इससे पहले मेरे डिजाइन के पुरजे मेरे मस्तिष्क में तैर रहे थे, लेकिन अब अचानक वे इकट्ठे होकर सामने आने लगे और ऐसी आकृति एवं रूप स्पष्ट दिखाई देने लगे, जिन पर मैं काम कर सकता था।

जानता कि वे कब से वहाँ खड़े होकर मुझे देख रहे थे। जैसे ही हमारी नजरें मिलीं, मैं आगे आ गया। वे कुछ मिनट तक बारीकी से डिजाइन का मुआयना करते रहे, फिर सीधे हो गए और मुसकराए। मैं हैरान था। उन्होंने मुझे प्यार से गले लगा लिया। फिर मेरी पीठ थपथपाई और कहा, ''मैं जानता था कि मैं उस वक्त तुम पर बहुत ज्यादा दबाव डाल रहा हूँ, जब मैंने तुम्हारा कार्य अस्वीकार कर दिया था। मैंने नामुमकिन समय-सीमा तय कर दी थी, फिर भी तुमने निर्धारित समय-सीमा के भीतर अपना काम पूरा कर लिया। यह काम असाधारण कोटि का है। तुम्हारा अध्यापक होने के नाते मैंने तुम्हें तुम्हारी सीमा से आगे धकेला, ताकि तुम अपनी सच्ची ताकत एवं संभावना को पहचान सको।''

मैं जानता था कि मैं उस वक्त तुम पर बहुत ज्यादा दबाव डाल रहा हूँ, जब मैंने तुम्हारा कार्य अस्वीकार कर दिया था। मैंने नामुमकिन समय-सीमा तय कर दी थी, फिर भी तुमने निर्धारित समय-सीमा के भीतर अपना काम पूरा कर लिया। यह काम असाधारण कोटि का है।

एक ही झटके में डिजाइन अस्वीकार करने के दो दिन बाद ये शब्द मेरे कानों में संगीत के सुरों के समान झंकृत हो रहे थे। उनसे मेरा आत्मविश्वास काफी बढ़ गया।

उस दिन मैंने दो बातें सीखीं। पहली, जो शिक्षक अपने विद्यार्थी की प्रगति का ध्यान रखता है, वही हमारा सर्वश्रेष्ठ मित्र होता है, क्योंकि शिक्षक जानता है कि आपको आगे बढ़ने के लिए कैसे प्रेरित किया जा सकता है। दूसरी, इस दुनिया में कोई भी बाधा, नामुमकिन समय-सीमा नहीं होती। मैंने अनेक कठोर जिम्मेदारियों का वहन किया, उन्हें निभाया

है, जिनमें से कुछ कार्यों को देश के शीर्ष नेता भी देख रहे थे। लेकिन एम.आई.टी. में मेरी क्षमताओं के बारे में मुझे आश्वस्त किया गया। इसके लिए मैं प्रो. श्रीनिवासन का शुक्रगुजार हूँ, जिन्होंने मेरे जीवन में आगे चलकर काफी मदद की।

एम.आई.टी. के बाद मेरा कामकाजी जीवन शुरू हो गया। मैंने बहुत थोड़ा ही किया, परंतु मैं जानता था कि मुझे अभी और कठिन पाठ सीखने हैं। मैं बंगलुरु में 'हिंदुस्तान एयरोनॉटिक्स लिमिटेड' (एच.ए.एल.) में काम करने लगा। वहीं मैंने विमान तथा उसके डिजाइन और प्रौद्योगिकी के बारे में बहुत कुछ सीखा। अब तक मुझे यकीन हो गया था कि मुझे फ्लाइंग के क्षेत्र में कॅरियर बनाना है। जब मैं एच.ए.एल. से एयरोनॉटिकल स्नातक इंजीनियर बना, मुझे नौकरी के दो अवसर मिले। एक अवसर वायु सेना का था तथा दूसरा 'तकनीकी विकास एवं उत्पादन निदेशालय' (डी.टी.डी. एंड पी. (एयर)) रक्षा मंत्रालय में मिला। मुझे दोनों जगहों से इंटरव्यू के लिए बुलाया गया। पहला इंटरव्यू देहरादून तथा दूसरा दिल्ली में था। मैंने अपने मन में तमाम आशाएँ लगा रखी थीं।

एम.आई.टी. के बाद मेरा कामकाजी जीवन शुरू हो गया। मैंने बहुत थोड़ा ही किया, परंतु मैं जानता था कि मुझे अभी और कठिन पाठ सीखने हैं। मैं बंगलुरु में 'हिंदुस्तान एयरोनॉटिक्स लिमिटेड' (एच.ए.एल.) में काम करने लगा। वहीं मैंने विमान तथा उसके डिजाइन और प्रौद्योगिकी के बारे में बहुत कुछ सीखा।

पहली बार मैंने एम.आई.टी. में निकट से विमान देखा था,

जहाँ विद्यार्थियों को विभिन्न सब-सिस्टम दिखाने के लिए दो विमान रखे थे। उनके प्रति मेरे मन में विशेष आकर्षण था। वे मुझे बार-बार अपनी ओर खींचते थे। मुझे वे सीमाओं से परे मनुष्य की सोचने की शक्ति की जानकारी देते थे तथा मेरे सपनों को पंख लगाते थे। मैंने एयरोनॉटिकल इंजीनियरिंग को अपना अध्ययन क्षेत्र चुना, क्योंकि उड़ान भरने के प्रति मैं आकर्षित था। वर्षों से उड़ने की अभिलाषा मेरे मन में पलती रही। मेरा सबसे प्यारा सपना यही था कि सुदूर आकाश में ऊँची और ऊँची उड़ान भरती मशीन को हैंडल किया जाए।

जब मैं इंटरव्यू देने के लिए मद्रास से उत्तर भारत की ओर जा रहा था, तब मैंने मन-ही-मन यह सपना बार-बार देखा। अंततः मैं पायलट बनने की दहलीज पर खड़ा था। तमिलनाडु से देहरादून की यात्रा काफी लंबी थी—भौगोलिक दृष्टि से ही नहीं, बल्कि मेरे जन्म-स्थल से लेकर हिमालय की पहाड़ियों में विशेष क्षेत्र तक की दूरी तय करने की यात्रा थी। मेरी मंजिल थी—पायलट के रूप में वायु सेना में जाना।

जब मैं इंटरव्यू देने के लिए मद्रास से उत्तर भारत की ओर जा रहा था, तब मैंने मन-ही-मन यह सपना बार-बार देखा। अंततः मैं पायलट बनने की दहलीज पर खड़ा था। तमिलनाडु से देहरादून की यात्रा काफी लंबी थी—भौगोलिक दृष्टि से ही नहीं, बल्कि मेरे जन्म-स्थल से लेकर हिमालय की पहाड़ियों में विशेष क्षेत्र तक की दूरी तय करने की यात्रा थी। मेरी मंजिल थी—पायलट के रूप में वायु सेना में जाना।

सबसे पहले मैं डी.टी.डी. एंड पी. में साक्षात्कार के लिए

दिल्ली में रुका। मैं आत्मविश्वास से भरा था और इंटरव्यू भी आसान रहा। मुझे अपने ज्ञान की सीमाएँ जोर लगाकर बढ़ाने की जरूरत नहीं पड़ी। मैंने दिल्ली में एक सप्ताह बिताया। आगे मुझे वायुसेना चयन बोर्ड में साक्षात्कार के लिए देहरादून जाना था। यहाँ मुझे यह उल्लेख करना चाहिए कि उस समय, अपनी उम्र के बीसवें दशक के आरंभ में, युवक होने के नाते अभी मैंने यह समझना शुरू ही किया था कि मुझे इस दुनिया में कैसे व्यवहार करना है! जब मैं पहली बार रामेश्वरम से बड़े-बड़े शहरों में अध्ययन के लिए निकला, तब मैं एक संकोची व मितभाषी लड़का था। मैंने अपने व्यक्तित्व में दृढ़ता लाने के लिए कड़ी मेहनत की। अलग-अलग पृष्ठभूमि के लोगों से बातचीत करके खुद में बदलाव लाया। यह इतना भी आसान नहीं था। ऐसे में निराशाजनक और क्षुब्ध करनेवाले पल भी आए। मैंने अपनी पढ़ाई पूरी की और नौकरी की तलाश शुरू कर दी। मेरे व्यक्तित्व में भी काफी निखार आ गया था। मैं अपने विचार अंग्रेजी और तमिल में भलीभाँति व्यक्त कर सकता था।

जब मैं पहली बार रामेश्वरम से बड़े-बड़े शहरों में अध्ययन के लिए निकला, तब मैं एक संकोची व मितभाषी लड़का था। मैंने अपने व्यक्तित्व में दृढ़ता लाने के लिए कड़ी मेहनत की। अलग-अलग पृष्ठभूमि के लोगों से बातचीत करके खुद में बदलाव लाया। यह इतना भी आसान नहीं था। ऐसे में निराशाजनक और क्षुब्ध करनेवाले पल भी आए। मैंने अपनी पढ़ाई पूरी की और नौकरी की तलाश शुरू कर दी। मेरे व्यक्तित्व में भी काफी निखार आ गया था।

वायुसेना चयन बोर्ड के साक्षात्कार से लौटने के बाद मैंने उन सवालों के जवाब ढूँढ़ने शुरू कर दिए, जो मेरे सामने रखे गए थे। मैंने महसूस किया कि इंजीनियरिंग के ज्ञान के अलावा उम्मीदवार में योग्यता एवं हाजिर-जवाब की क्षमता तथा प्रत्युत्पन्नमति के गुण भी देखे जाते हैं। बोर्ड स्वास्थ्य और व्यक्ति के मुखरित तौर-तरीके, आचरण व व्यवहार भी देखता है। मैंने अपने बारे में सर्वोत्तम जानकारी देने का भरसक प्रयास किया।

□

मेरी पसंदीदा पुस्तकें

मैं जब भी अपने देश के युवाओं से मिलता हूँ, हर कोई मेरी पसंदीदा पुस्तकों के बारे में जानने के लिए उत्सुक रहता है। आधुनिक जीवन-शैली से हमारी आदतों में महत्त्वपूर्ण परिवर्तन आया है; परंतु पुस्तकों के प्रति रुचि का अपना स्थान है। अखबारों से लेकर पत्रिकाओं तथा पुस्तकों तक पढ़ने का क्षेत्र फैला हुआ है, जिसकी कोई सीमा नहीं है। हमारे देश में विभिन्न विषयों की पुस्तकें मिलती हैं। भारत में शिक्षा के स्तर में वृद्धि होने के कारण बाजार में पुस्तकों की माँग बढ़ती जा रही है। आज शिक्षा केवल स्कूलों में लिखने-पढ़ने तक सीमित न होकर ज्ञान में वृद्धि तथा अपनी सोच में बदलाव के लिए भी प्राप्त की जाती है। पुस्तकों से जीवन से जुड़ी अनेक मान्यताओं तथा गुणों को बढ़ावा मिलता है।

अगर मैं अपने बारे में कहूँ तो पुस्तकों से मेरा घनिष्ठ संबंध रहा है। वे मेरे अच्छे मित्रों की तरह हैं। मैंने युवावस्था के दिनों में इनके साथ अपना नाता जोड़ा और आज भी मैं उनसे मिले अनुभवों को याद करता हूँ। पुस्तकें मेरे मित्रों की तरह हैं, जिन्होंने मेरा हाथ थामकर मुझे रास्ता दिखाया तथा मुझे नई दिशा दी। इनके शब्दों ने मुझे संसार में होनेवाली गतिविधियों से जोड़ दिया था।

मैं ऐसे अनेक लोगों से मिला हूँ, जो पुस्तकों से प्रेम करते थे और जिन्होंने मेरे पुस्तक पढ़ने के शौक को और अधिक बढ़ाया। ऐसे लोगों की श्रेणी में एक ऐसे महानुभाव भी शामिल हुए, जिन्होंने एक बार पुस्तक न खरीदने का सुझाव दिया था। यह उस वक्त की बात है, जब मैं मद्रास प्रौद्योगिकी संस्थान में पढ़ता था। उस समय मुझमें रूसी साहित्य पढ़ने की रुचि जाग्रत् हुई, जिसकी मुझे एक पुस्तक प्राप्त हुई और उसे मैं बहुत मन से पढ़ता था।

लेकिन अचानक किसी कार्यवश मुझे अपने शहर रामेश्वरम जाना पड़ा। वहाँ जाने के लिए मेरी जेब में पैसे नहीं थे। इतना ही नहीं, मेरे पास टिकट खरीदने के पैसे भी नहीं थे। अब मेरे पास कोई और चारा नहीं था कि मैं उस पुस्तक को बेच दूँ, जिसे मैं बहुत शौक से पढ़ता था। जिस बाजार में पुस्तकें खरीदी व बेची जाती हैं, वह मद्रास में मोर मार्केट के नाम से जाना जाता था। वह एक छत के नीचे बना हुआ बाजार था, जहाँ सभी तरह की वस्तुएँ मिलती थीं। मेरे लिए एक अनोखी बात थी कि वहाँ एक कोने में पुरानी पुस्तकों को खरीदा व बेचा जाता था। उस बाजार में एक दुकान थी, जहाँ मैं जाता रहता था, क्योंकि उस दुकान का मालिक मेरा मित्र बन गया था। उस विक्रेता के संबंध बहुत से लेखकों

मैं ऐसे अनेक लोगों से मिला हूँ, जो पुस्तकों से प्रेम करते थे और जिन्होंने मेरे पुस्तक पढ़ने के शौक को और अधिक बढ़ाया। ऐसे लोगों की श्रेणी में एक ऐसे महानुभाव भी शामिल हुए, जिन्होंने एक बार पुस्तक न खरीदने का सुझाव दिया था। यह उस वक्त की बात है, जब मैं मद्रास प्रौद्योगिकी संस्थान में पढ़ता था।

के साथ थे। चूँकि मैं अब पुस्तकों का शौकीन हो गया था, मुझे इनके द्वारा रोचक व ज्ञानवर्धक पुस्तकें पढ़ने को मिल जाती थीं। मैं उस पुस्तक विक्रेता के पास जब रूसी पुस्तक बेचने गया, ताकि मैं अपने घर जाने का खर्चा निकाल सकूँ, तो मैं मन से बहुत दु:खी था। मैंने बुझे हुए मन से उससे पुस्तक बेचने को कहा।

वह समझ गया कि मैं मन से उस पुस्तक को बेचना नहीं चाहता। इसके बाद उसने मुझे एक सुझाव दिया, जो अपने आप में अनूठा था। उस सुझाव ने मेरी परेशानी दूर कर दी। उसने सरल भाव से कहा कि क्यों न मैं इस पुस्तक को गिरवी रखकर चला जाऊँ! इसके बदले में वह पुस्तक विक्रेता मुझे पूरी कीमत देगा। जब मेरे पास पैसे हों, तब मैं पैसे चुकाकर इस पुस्तक को वापस ले जा सकता था। उसने मुझसे यह वायदा भी किया कि वह यह पुस्तक नहीं बेचेगा। इस तरह से मैं अपने घर से भी लौटकर आ गया और वह पुस्तक भी मेरे पास आ गई। यह कहना निरर्थक होगा कि मेरे मित्र ने अपनी बात रखी। यह पुस्तक मेरे पास कई वर्षों तक रही। यह कुछ अनजान लोगों की करुणा का संस्मरण है, साथ ही पुस्तक-प्रेमियों की दुनिया का परिचायक भी।

वह समझ गया कि मैं मन से उस पुस्तक को बेचना नहीं चाहता। इसके बाद उसने मुझे एक सुझाव दिया, जो अपने आप में अनूठा था। उस सुझाव ने मेरी परेशानी दूर कर दी। उसने सरल भाव से कहा कि क्यों न मैं इस पुस्तक को गिरवी रखकर चला जाऊँ!

मैंने अंग्रेजी का उत्कृष्ट साहित्य पढ़ना जब आरंभ किया, उस समय मैं सेंट जोसेफ कॉलेज में अंतिम वर्ष में पढ़ता था। मैंने लिओ

टॉलस्टॉय, वाल्टर स्कॉट तथा थॉमस हार्डी का साहित्य पढ़ा। उनकी कहानियों की पृष्ठभूमि मेरे लिए बिल्कुल अलग थी। उनकी भाषा मेरी लिखने की भाषा से बिल्कुल अलग थी। परंतु मानवीय रिश्तों की कहानियाँ मुझे अच्छी लगती थीं। उन्होंने जिस समाज का चित्रण किया था, वह भी अनोखा था। मैंने कुछ दार्शनिकों का साहित्य भी पढ़ा। इसी तरह से विज्ञान, विशेषत: भौतिकी, पढ़ने में रुचि लेने लगा।

यहाँ मुझे याद आ रही है अल्बर्ट आइंस्टाइन की कहानी। जब वे 12 वर्ष के थे, उनके गुरु मैक्स टैल्मड ने उन्हें 'यूक्लिडियन ज्यामिति' की एक पुस्तक दी। उस पुस्तक ने युवक आइंस्टाइन के मन के आयाम को विस्तृत किया। उनके मन में शुद्ध विचारों की संकल्पनाएँ उभरने लगीं। वे बेहतर समझ के साथ ब्रह्मांड के तथ्यों का पता लगाने लगे तथा मानव-मन की शक्ति का अहसास करने लगे।

यहाँ मुझे याद आ रही है अल्बर्ट आइंस्टाइन की कहानी। जब वे 12 वर्ष के थे, उनके गुरु मैक्स टैल्मड ने उन्हें 'यूक्लिडियन ज्यामिति' की एक पुस्तक दी। उस पुस्तक ने युवक आइंस्टाइन के मन के आयाम को विस्तृत किया। उनके मन में शुद्ध विचारों की संकल्पनाएँ उभरने लगीं।

कई वर्षों तक मैंने तरह-तरह की पुस्तकें पढ़ी थीं। अगर मुझसे पूछा जाए कि मेरे मनपसंद लेखक कौन हैं, जिनका मुझ पर गहरा प्रभाव पड़ा, तो मैं निश्चित रूप से तीन लेखकों तथा पुस्तकों के नाम बताना चाहूँगा।

सबसे पहले 'लाइट फ्रॉम मेनी लैंप्स' है, इसे लिलियन आइशलर वाटसन ने संपादित किया था। इस पुस्तक को मैंने वर्ष 1953 में मद्रास की

उसी सेकंड हैंड पुस्तक की दुकान से खरीदा था, जिसका जिक्र मैं पहले भी कर चुका हूँ। (इस तरह से एक छोटी सी दुकान में अपार खुशी मिली थी, इस कोने में ज्ञान का अद्वितीय भंडार मिला था।) वह पुस्तक मेरे लिए एक दोस्त की तरह थी, क्योंकि मैं बार-बार उसके पन्नों को पलटता था, जिसको मैं सालों तक कई बार पढ़ चुका था। 'लाइट फ्रॉम मेनी लैंप्स' एक प्रेरणादायक पुस्तक थी, जिसमें विभिन्न लेखकों के लेख संकलित थे। संपादक ने कई प्रेरणादायी कहानियों का वर्णन किया था। उन्होंने विश्लेषण करते हुए लिखा था कि इन कहानियों को कैसे हालात में लिखा गया तथा इनसे क्या सीख मिली।

मेरे जीवन में ऐसा कोई मौका नहीं आया, जब इस पुस्तक में दी गई नसीहतों ने मुझे दुःख के समय सहारा न दिया हो; जब भी मैं जिंदगी में डगमगाया हूँ, मुझे नेक सलाह न दी हो और जब भी मैं भावनाओं के अथाह सागर में भटकता हूँ, यह पुस्तक मेरी सोच में संतुलन न लाई हो।

मेरे जीवन में ऐसा कोई मौका नहीं आया, जब इस पुस्तक में दी गई नसीहतों ने मुझे दुःख के समय सहारा न दिया हो; जब भी मैं जिंदगी में डगमगाया हूँ, मुझे नेक सलाह न दी हो और जब भी मैं भावनाओं के अथाह सागर में भटकता हूँ, यह पुस्तक मेरी सोच में संतुलन न लाई हो। इस पुस्तक ने मुझे पूर्णतः बाँधकर रखा तथा यह बंधन और घनिष्ठ हुआ, जब मेरे मित्र ने इस पुस्तक का नया संस्करण मुझे कुछ साल पहले लाकर दिया, जिसे पाकर मैं बहुत प्रसन्न हुआ।

दूसरी प्रेरणादायी पुस्तक 'तिरुकुरल' थी, जिसने मुझे प्रेरित किया। इसकी रचना लगभग 2,000 वर्ष पहले तिरुवल्लुवर ने की थी।

इसमें लगभग 1,330 तमिल पद या दोहे (कुरल) हैं। यह कृति जीवन के विभिन्न विषयों का ज्ञान कराती है। इसकी गिनती उच्च श्रेणी के तमिल साहित्य में की जाती है। यह कृति सोच को उच्च भाव में पहुँचाती है, जिससे पाठक की सोच में महत्त्वपूर्ण परिवर्तन आता है। यह 'कुरल' मेरे दिल से जुड़ा हुआ है—

उलूवेथलम् उयारवुल्लाल मातरातु
तल्लिनुम तेल्लामई निरट्टुट

(—हमेशा जीवन में उन्नति के बारे में सोचो, बेशक वह केवल तुम्हारी सोच ही क्यों न हो। यहाँ तक कि जब तक अपने लक्ष्य की प्राप्ति न हो, आपकी सोच आपका उत्थान करती रहेगी।)

इसके बाद मैं नोबेल पुरस्कार विजेता तथा डॉक्टर-दार्शनिक एलेक्सिस कैरेल की पुस्तक 'मैन द अननोन' का उल्लेख करना चाहूँगा। इस पुस्तक में उन्होंने कहा है कि जब शरीर और मन का एक साथ उपचार किया जाता है, तब कैसे मनुष्य जल्दी स्वस्थ होता है। मानव शरीर का उन्होंने स्पष्ट एवं प्रभावपूर्ण ढंग से वर्णन किया है और बताया है कि वह कैसे बुद्धिमान है, किस प्रकार से एकीकृत तंत्र है। मेरा खयाल है कि यह रचना हर किसी को पढ़नी चाहिए, खास तौर पर जिनका उद्देश्य चिकित्सा-विज्ञान का अध्ययन करना है।

इसके बाद मैं नोबेल पुरस्कार विजेता तथा डॉक्टर-दार्शनिक एलेक्सिस कैरेल की पुस्तक 'मैन द अननोन' का उल्लेख करना चाहूँगा। इस पुस्तक में उन्होंने कहा है कि जब शरीर और मन का एक साथ उपचार किया जाता है, तब कैसे मनुष्य जल्दी स्वस्थ होता है।

विभिन्न धार्मिक ग्रंथों ने मेरे जीवन पर प्रभाव डाला है। मैंने इनका अध्ययन किया है तथा मेरे जीवन से जुड़ी अनेक शंकाओं को इन्होंने हल किया है। 'कुरान', 'वेद', 'भगवद्गीता' में बहुत से रहस्य छिपे हैं, जहाँ पर इन सभी ग्रंथों में जीवन के अनेक मनोवैज्ञानिक विषयों की चर्चा की गई है। जीवन की कठिन परिस्थितियों में इनसे जीवन के स्तर को ऊँची उड़ान मिल सकती है। विपरीत घड़ियों में भी इनके द्वारा समस्याओं का हल मिल जाता है।

इन ग्रंथों से जीवन में पड़नेवाले प्रभाव को जानने के लिए कुछ संस्मरण याद आते हैं। बंगलुरु में एरोनॉक्टिस इंजीनियरिंग के बाद मुझे रॉकेट इंजीनियरिंग के लिए डॉ. विक्रम साराभाई द्वारा स्थापित अंतरिक्ष एजेंसी 'INCOSPAR' (इंडियन नेशनल कमिटी फॉर स्पेस रिसर्च) ने बुलाया। मैं उस साक्षात्कार में जाने से पहले बहुत घबराया हुआ था और मैं नहीं जानता था कि क्या किया जाए। इस समय मेरे दिमाग में लक्ष्मण शास्त्री, (जो मेरे पिता के मित्र तथा रामेश्वरम मंदिर के पुरोहित थे) के शब्द आ रहे थे, जो 'गीता' से लिये गए थे, जिसने मुझे साहस प्रदान किया—"सभी जीव माया के अधीन हैं। सभी जीव पाप और पुण्य के बंधन से बँधे हुए हैं। लेकिन वे जीव, जिन्होंने सत्कर्म किए हैं या फिर जो सदाचारी हैं, उनके जीवन में पाप का अंत हो जाता

विभिन्न धार्मिक ग्रंथों ने मेरे जीवन पर प्रभाव डाला है। मैंने इनका अध्ययन किया है तथा मेरे जीवन से जुड़ी अनेक शंकाओं को इन्होंने हल किया है। 'कुरान', 'वेद', 'भगवद्गीता' में बहुत से रहस्य छिपे हैं, जहाँ पर इन सभी ग्रंथों में जीवन के अनेक मनोवैज्ञानिक विषयों की चर्चा की गई है।

है। वे अच्छाई और बुराई के बंधनों से मुक्त हो जाते हैं। इसलिए दृढ़ भाव से अपने संकल्प से जुड़ जा।'' मैंने स्वयं से दृढ़ता से कहा कि अगर मुझे इस साक्षात्कार में जाना है तो जीतने के उद्देश्य से नहीं जाना। मैं वहाँ लाभ व हानि के द्वंद्व से अपने को अलग करके साक्षात्कार के लिए गया।

भारतीय अंतरिक्ष यात्रा का यह आरंभ था। धीरे-धीरे इसका विकास होता गया। मेरा संबंध 'भारतीय अंतरिक्ष अनुसंधान संगठन' (ISRO) से शुरू से ही रहा था और मेरे संपर्क में कई महान् व्यक्ति आए। मेरे इस संस्था के साथ जुड़ने के बाद इस संस्था ने भारत के विकास में महत्त्वपूर्ण योगदान दिया। कई और व्यक्ति भी हमारे संपर्क में आए, जिन्होंने हमारे उद्देश्य की प्राप्ति के लिए हमें उचित व महत्त्वूपर्ण सुझाव दिए। मुझे 'गीता' का श्लोक याद आता है, जिसमें कहा गया है—''फूलों को देखो, किस तरह से ये अपनी खुशबू तथा शहद शुद्ध भाव से दूसरों को देते हैं। जब इनका काम समाप्त हो जाता है, ये शांत भाव से गिर जाते हैं। अपने जीवन को एक फूल की तरह जीना सीखो तथा बिना किसी भाव के अपने जीवन को दूसरों के लिए समर्पित करो।'' अंतरिक्ष कार्यक्रम के दिग्गज भी फूलों की तरह हैं, जो दिशा दिखाते हैं तथा फिर नए विचारों के लिए राह बनाते हैं।

भारतीय अंतरिक्ष यात्रा का यह आरंभ था। धीरे-धीरे इसका विकास होता गया। मेरा संबंध 'भारतीय अंतरिक्ष अनुसंधान संगठन' (ISRO) से शुरू से ही रहा था और मेरे संपर्क में कई महान् व्यक्ति आए। मेरे इस संस्था के साथ जुड़ने के बाद इस संस्था ने भारत के विकास में महत्त्वपूर्ण योगदान दिया।

मैं जब 'रक्षा अनुसंधान एवं विकास संगठन' (D.R.D.O.)

से जुड़ा, तब भारत के देशी मिसाइल कार्यक्रमों के विकास में कार्यरत अनेक प्रतिभाशाली तथा समर्पित इंजीनियर एवं नेताओं से मेरे संपर्क हुए। जब मैं उन लोगों के बारे में सोचता हूँ तो मेरे जेहन में पाक 'कुरान' के बेहतरीन शब्द आते हैं—''प्रकाश पर प्रकाश। अल्लाह उन लोगों को ज्ञान की रोशनी देता है, जिस पर उसकी रहमत होगी।''

मेरे निजी जीवन में भी इन पुस्तकों का विशेष प्रभाव रहा है। जीवन के टेढ़े-मेढ़े घुमावदार रास्तों में मुझे इन पुस्तकों ने सहारा दिया है। जब थोड़े समय के अंतराल में ही मेरे माता-पिता का देहांत हो गया, मैं रामेश्वरम की मसजिद में दु:खी भाव से दुआ के लिए गया। मैं विचलित हो रहा था कि अपनी माँ की मौत से पहले मैं उनसे मिल भी नहीं सका और वे चल बसी थीं। लेकिन कुछ समय बाद 'कुरान' की सीख मुझे याद आई। वह सीख कहती है—''जीवों का अंत तो तय है, लेकिन खुदा का वजूद हर समय बना रहता है। आपकी दौलत और बाल-बच्चे छलावा हैं, लेकिन खुदा का साथ हमेशा रहने वाला है।''

मेरे निजी जीवन में भी इन पुस्तकों का विशेष प्रभाव रहा है। जीवन के टेढ़े-मेढ़े घुमावदार रास्तों में मुझे इन पुस्तकों ने सहारा दिया है। जब थोड़े समय के अंतराल में ही मेरे माता-पिता का देहांत हो गया, मैं रामेश्वरम की मसजिद में दु:खी भाव से दुआ के लिए गया।

मुझे कविता के प्रति बहुत प्यार है तथा साहित्य में मैंने इसको एक महत्त्वपूर्ण स्थान दिया है। टी.एस. इलियट, लुइस कैरोल तथा विलियम बटलर यीट्स ने मेरे जीवन पर सकारात्मक प्रभाव डाला। मेरे जीवन के विभिन्न पहलुओं तथा घटनाओं पर इन लेखकों ने गहरा असर

छोड़ा। मेरे जीवन में वैज्ञानिक क्षेत्र में हुए प्रयास को लुइस कैरोल की इन पंक्तियों से समझा जा सकता है—

जब तक कमजोरी
ताकत न बन जाए,
यह घुप्प अँधेरा
उजाला न बन जाए,
गलत बात हमारी
सही न हो जाए,
तब तक शिल्प, लक्ष्य और चुनौती
परखता रहूँगा दिन-रात।

और जब कार्य लगातार चलनेवाली प्रक्रिया बन ज़ाए, जिसमें घंटों से लेकर दिन दिनों में परिवर्तित होते जाएँ, जब तक मैं किसी और को इस बारे में बता सकूँ। सैमुअल टेलर कॉलरिज के ये शब्द मेरी मनोस्थिति को बखूबी बयान करते हैं—

दिन के बाद दिन
फिर दिन,
हम साँस रोके
लगातार
चिपककर
किसी काम से
चलते रहते हैं
यूँ ही
कोई
बेकार सा

काम,
किसी बदरंग
जहाज सा,
खड़ा है
जो
बेजान समुद्र में।

अकसर मुझे कार्य खत्म करने के लिए एक निश्चित समय दिया जाता था, जिसे कर पाना मुश्किल होता था। मेरे सहकर्मी ग्रुप कैप्टन नारायणन मिसाइल के लक्ष्य को पाने के लिए आतुर रहते थे। उन्होंने मुझसे एक बार कहा, ''आप मुझे कोई भी कार्य करने के लिए कहें, मैं कर सकता हूँ; लेकिन उसके लिए मुझे निश्चित समय न बताएँ।'' मैं उनके इस उतावलेपन पर हँस पड़ा और मुझे उस समय टी.एस. इलियट की टिप्पणी याद आई थी—

रचना की
नई कोंपल
किसी काम
के होने,
भावना उमड़ने
पर
छाया सी
छाई रहती है,
इस पार से
उस पार तक।

इन चुनिंदा लेखकों और रचनाओं ने मुझे गहराई से प्रभावित किया। ये मेरे पुराने मित्र व परिचित हैं। इनका सार्थक वजूद है, जो मुझे दिलासा देते हैं। ये जानते हैं कि मेरे दिलो-दिमाग में कब प्रवेश करना है, कब मैं दुविधा में होता हूँ या कौन से क्षण मेरे लिए विषाद भरे हैं। ये मेरे असीम आनंद के क्षणों में मेरे साथ रहते हैं। आज के तेजी से तथा सुगम संचारवाले युग में, जब सूचना बाइट के आकार में, अंशों में हम तक पहुँचती है, तब लिखित शब्दों का आकर्षण खोने नहीं देना है। मैंने पुस्तकों पर यह कविता लिखी है, जिसे मैं युवा जन को अकसर सुनाता हूँ। मैं लिखित शब्दों के प्रति अपनी भावनाओं का हिंदी रूपांतर दे रहा हूँ—

पिछले पचास वर्षों से
पुस्तकों ने
निभाई है
दोस्ती।
दिखाए हैं
सुनहरे स्वप्न,
सपनों से
निकले
अनगिनत
मिशन;
इन दोस्तों ने
मिशन मुझे
सौंपे;
नाकामी सहने की

हिम्मत
मुझे सौंपी
फरिश्ते बनकर;
दिल को
छुआ हलके से;
ये भी
तुम्हारी
दोस्त;
हमसफर इनको
समझो मेरे
दोस्त।

□

जलता हुआ एक ब्रश

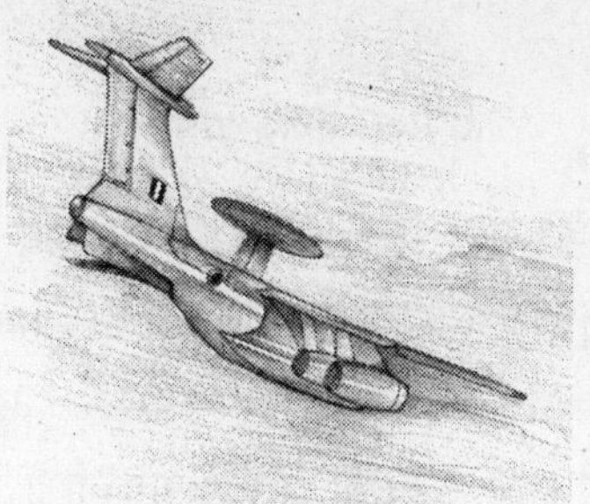

मैंने पिछले अध्याय में अपने जीवन की असफलता तथा परेशानी के बारे में चर्चा की थी, उससे मुझे जीवन की नसीहत मिली। मैं समझ चुका था कि निराशा के भाव समाप्त होने के बाद इनसान की सोच में बदलाव आता है और उसके दृष्टिकोण में भी बदलाव आता है। ये हमारी आत्मा पर भी अपना असर डालते हैं। मैं यह मानता हूँ कि यह अस्तित्व संबंधी विषयों से रूबरू होते हैं। हम यह सोचने को आतुर हो जाते हैं कि हमने इन घटनाओं से निपटने के लिए क्या प्रयास किए! क्या हमने उन्हें लहरों की तरह गुजर जाने दिया या फिर इन विषयों के भीतर जाकर हमने उन्हें अपने अंदर समाकर कुछ पाने की कोशिश की?

यह कहना गलत नहीं होगा कि कुछ घटनाएँ, जो अधिक महत्त्वपूर्ण होती हैं, वे बुनियादी तौर पर हमारे अंदर बदलाव लेकर आती हैं। जब हम जीवन के उच्च स्तर तथा उन आशाओं तक नहीं उठ पाते, जिनकी हमें उम्मीद होती है या ऐसे विषयों में लिप्त हो जाते हैं, जिनसे लाखों लोगों पर असर पड़ता है—अर्थात् जब जीने-मरने का सवाल खड़ा हो जाता है, यही वह समय है, जब हमारी आत्म-अनुभूति तथा हमारे अहं में महत्त्वपूर्ण बदलाव आता है।

मैं आज भी कुछ ऐसी घटनाओं को याद करता हूँ, जिनका मेरे जीवन पर गहरा प्रभाव पड़ा। जब मैं एस.एल.वी.-3 सैटेलाइट लॉञ्च व्हीकल तथा पहली स्वदेशी मिसाइल 'अग्नि' की प्रोजेक्ट टीम का प्रमुख था, तब सरकार और जनता दोनों ने मुझसे एवं मेरी टीम से काफी आशाएँ लगा रखी थीं। उस समय मीडिया इतनी बारीकी और गहराई से जाँच कर रहा था कि आज तो ऐसा लगभग नहीं के बराबर है। एस.एल.वी. पहले ही चरण में असफल रहा तथा इसी तरह से 'अग्नि' का परीक्षण कठिन परिस्थितियों से गुजर रहा था। इसमें भी कई उतार-चढ़ाव देखे जा रहे थे तथा इसके लॉञ्च से पहले की कठिनाइयाँ नजर आ रही थीं। इन दोनों ही विसंगतियों के कारण मैं और मेरी पूरी टीम चिंता में थी। हम पर काफी दबाव बना हुआ था, क्योंकि इससे काफी उम्मीदें बँधी थीं। इन दोनों शोध कार्यों में आई कठिनाइयों के कारण हमें कई नकारात्मक असर देखने को मिल रहे थे। इस माहौल में अनेक कठिनाइयों से गुजरने के बाद मिली हमारी सफलताएँ भी धूमिल दिखाई दे रही थीं। हमारे अंतरावलोकन तथा कमियों की समीक्षा करने की यादें अब तक मेरे साथ बनी हुई हैं। जिस बात ने मुझ पर सबसे ज्यादा असर डाला, वह थी उन सहयोगियों के विचार, जो इसके डिजाइन से जुड़े थे, जिनमें समर्पण का कुछ अलग सा भाव

मैं आज भी कुछ ऐसी घटनाओं को याद करता हूँ, जिनका मेरे जीवन पर गहरा प्रभाव पड़ा। जब मैं एस.एल.वी.-3 सैटेलाइट लॉञ्च व्हीकल तथा पहली स्वदेशी मिसाइल 'अग्नि' की प्रोजेक्ट टीम का प्रमुख था, तब सरकार और जनता दोनों ने मुझसे एवं मेरी टीम से काफी आशाएँ लगा रखी थीं।

था। ये लोग इस प्रक्रिया में कई तकलीफों से गुजरे थे। मैंने अपने जीवन-काल में हर समय इसे महसूस किया तथा मैं उन अनुभूतियों को शब्दों में बयान नहीं कर सका।

सन् 1960 तथा 1970 के दशक में मैं 'थुंबा इक्वेटोरियल रॉकेट लॉञ्चिंग स्टेशन' (टी.ई.आर.एल.एस.) में कार्य कर रहा था। डॉ. विक्रम साराभाई के अधीन हम अपने रॉकेट, एस.एल.वी. तथा सैटेलाइट बना रहे थे। इसके अलावा हम कुछ प्रयोगशालाओं में भी कार्य कर रहे थे, जिससे ध्वनि रॉकेट के लिए पेलोड तैयार किया जा सके। अधिकतर सभी भौतिक प्रयोगशालाएँ ध्वनि रॉकेट के पेलोड के प्रोग्रामों से जुड़ी हुई थीं। सभी के पास अपना मिशन तथा पेलोड था। इन पेलोड को रॉकेट के ढाँचे के साथ एकीकृत करना था। मेरा एक साथी, जो कि पेलोड तैयार करने की लैब से जुड़ा था, उसका नाम सुधाकर था। एक बार हम लॉञ्च के पहले की प्रक्रिया में एक खतरनाक प्रयोग के लिए तैयार हो रहे थे, जिसमें सोडियम एवं थरमाइट का मिश्रण भरना था। यह प्रयोग थुंबा में किया जा रहा था, जो पूर्वी तट पर स्थित है, जहाँ बहुत गरमी तथा उमस का माहौल था। सुधाकर और मैं बहुत

सन् 1960 तथा 1970 के दशक में मैं 'थुंबा इक्वेटोरियल रॉकेट लॉञ्चिंग स्टेशन' (टी.ई.आर.एल.एस.) में कार्य कर रहा था। डॉ. विक्रम साराभाई के अधीन हम अपने रॉकेट, एस.एल.वी. तथा सैटेलाइट बना रहे थे। इसके अलावा हम कुछ प्रयोगशालाओं में भी कार्य कर रहे थे, जिससे ध्वनि रॉकेट के लिए पेलोड तैयार किया जा सके।

देर तक कार्य में व्यस्त रहे। वहाँ बहुत गरमी थी, जिससे हम अनभिज्ञ थे। लगभग छह मिश्रणों के बाद हम लैब में निरीक्षण के लिए अंदर चले गए कि क्या उसमें मिश्रण ठीक से भरा गया है। हम विज्ञान के मुख्य सिद्धांत को भूल गए थे कि शुद्ध सोडियम जब पानी से मिलता है तो उसका स्वरूप खतरनाक हो सकता है। मैं और सुधाकर जब निरीक्षण के लिए झुके, सुधाकर के माथे पर आई पसीने की बूँद उसपर गिर गई। इसके बाद जब तक हम कुछ समझ पाते, एक भारी विस्फोट ने हमें पीछे की ओर धकेल दिया।

कुछ क्षणों के लिए उस सदमे ने मुझे पंगु बना दिया। उस धमाके ने सारे कमरे को हिला दिया तथा हम दोनों नीचे गिर गए। कुछ ही देर के बाद उस धमाके के बाद वहाँ आग लग चुकी थी। हमारे सामने वह सारी प्रयोगशाला बुरी तरह जलने लगी। वह आग सोडियम के कारण लगी थी, इसलिए उसपर पानी का भी असर नहीं हो सकता था।

कुछ क्षणों के लिए उस सदमे ने मुझे पंगु बना दिया। उस धमाके ने सारे कमरे को हिला दिया तथा हम दोनों नीचे गिर गए। कुछ ही देर के बाद उस धमाके के बाद वहाँ आग लग चुकी थी। हमारे सामने वह सारी प्रयोगशाला बुरी तरह जलने लगी। वह आग सोडियम के कारण लगी थी, इसलिए उसपर पानी का भी असर नहीं हो सकता था। इससे वह कुछ और भयानक रूप ले सकती थी। अब वह सारी लैब एक भयंकर आग का रूप ले चुकी थी। बाद में, मैं जब उस घटना से उबर पाया, वह सारी घटना मेरे सामने धीमे क्रम से चलने लगी। एक-एक करके यह दुर्घटना धमाका तथा बाद में

भयंकर आग के रूप में सामने आने लगी। अगर यथार्थ में देखा जाता, वह सबकुछ क्षणों में ही घटित हो गया था। जब तक मैं अपने पैरों पर खड़ा होता, सुधाकर ने अपने चौकन्ने दिमाग का परिचय दिया। उसने अपने हाथों से खिड़की के शीशों को तोड़ दिया। इसके बाद बिना किसी हिचकिचाहट के वह मेरी तरफ मुड़ा तथा मुझे बाहर धकेल दिया। वहाँ से कूदने से पहले, यह सबकुछ ही देर में ही घटित हुआ था। अगर कोई इस आग की भयंकरता को देखता तो यह अंदाजा लगाना मुश्किल था कि कोई उस आग से कैसे बचकर आ सकता है !

मुझे बचाने के कारण सुधाकर बुरी तरह से जख्मी हो गया था। वह बुरी तरह से जला तो था ही इसके साथ ही उसके द्वारा शीशे तोड़ने के कारण उसके हाथ भी बुरी तरह से खून से भर गए थे।

हम उस कमरे से दूर जा चुके थे, जो अब बुरी तरह से आग की लपटों के सुपुर्द हो गया था। मैं सुधाकर के पास गया तथा उसे मेरी जिंदगी बचाने के लिए धन्यवाद दिया। वह बुरी तरह से दर्द से पीड़ित होने के बावजूद मुसकरा रहा था, पर उसने मेरी भावनाओं को सम्मान दिया। इसके बाद उसे उन जख्मों व चोटों के कारण हफ्तों अस्पताल में रहना पड़ा।

हम उस कमरे से दूर जा चुके थे, जो अब बुरी तरह से आग की लपटों के सुपुर्द हो गया था। मैं सुधाकर के पास गया तथा उसे मेरी जिंदगी बचाने के लिए धन्यवाद दिया। वह बुरी तरह से दर्द से पीड़ित होने के बावजूद मुसकरा रहा था, पर उसने मेरी भावनाओं को सम्मान दिया। इसके बाद उसे उन जख्मों व चोटों के कारण हफ्तों

अस्पताल में रहना पड़ा। मेरे लिए वह दुर्घटना बहुत भयंकर थी, बल्कि मैं इतने बड़े खतरे से निकलने के बाद जीवित रहने के भाव को महसूस कर रहा था। यह जानते हुए कि कोई तुम्हारी जान को बचाने के लिए किस तरह से आश्चर्यजनक रूप से तथा सादगी से अपनी जान को दाँव पर लगा सकता है—यह अनुभव मेरे लिए अनोखा ही था। वे लोग, जो बच जाते हैं तथा खतरनाक हालात से निकल जाते हैं, उनके साथ कई तरह के भाव जुड़ जाते हैं—खतरे से बाहर आने का भाव, दोष तथा कृतज्ञता के भाव उमड़ने लगते हैं। अगर सुधाकर यह महसूस करता है कि मेरी जिंदगी ज्यादा कीमती थी, इसलिए उसने अपनी जिंदगी की परवाह न करके मुझे बचाया तो मुझे भी उससे अधिक सोचे बिना उस काम में जुट जाना चाहिए, जिसे हम सब मिलकर कर रहे थे।

अगर सुधाकर की बहादुरी की घटना को देखा जाए, वह स्थायी प्रेरणा का स्रोत बन रही थी। मैं जब भी अपनी छोटी-छोटी उपलब्धियों को प्राप्त करने के लिए स्वयं को महत्त्व देता हूँ, अपने को बड़े परिवेश या आकार में देखता हूँ तो मुझे यह अहसास होता है कि मैं इस संसार में करोड़ों लोगों में से एक हूँ, उसी समय मैं इस महान् व्यक्ति को याद करना नहीं भूलता।

अगर सुधाकर की बहादुरी की घटना को देखा जाए, वह स्थायी प्रेरणा का स्रोत बन रही थी। मैं जब भी अपनी छोटी-छोटी उपलब्धियों को प्राप्त करने के लिए स्वयं को महत्त्व देता हूँ, अपने को बड़े परिवेश या आकार में देखता हूँ तो मुझे यह अहसास होता है कि मैं इस संसार में करोड़ों लोगों में से एक हूँ, उसी समय मैं इस महान् व्यक्ति को याद करना

नहीं भूलता। वह दिखने में हम जैसा एक वैज्ञानिक लगता था, जो कि नौकरी कर रहा था। फिर भी वह हम सबसे आगे निकल चुका था, क्योंकि उसके मन से डर का भाव समाप्त हो गया था। उसने अपनी जिंदगी की परवाह किए बिना एक वीरतापूर्ण कार्य किया था।

इसी तरह से एक और घटना मुझे याद आ रही है, जिसने मेरे मन पर दर्द की गहरी छाप छोड़ी थी। यह घटना सन् 1999 की अरक्कोनम दुर्घटना थी। उस घटना ने मुझे अपार पीड़ा दी थी, मेरे अहं को सदा के लिए बदल दिया था। यह अनुभव मुझमें घर कर गया था। इसके साथ ही इस घटना की यादें मेरे दिल में मेरे काम के साथ बस चुकी थीं। कुछ वर्षों पहले जब मैं अपने दोस्त के साथ पुस्तक लिखने में लगा हुआ था, मैं दर्द व भावनाओं में न डूबकर इस घटना को पूरी तरह से बयान कर सका।

11 जनवरी, 1999; दो वायुयान बंगलौर से अरक्कोनम-चेन्नई समुद्र तट पर वैज्ञानिक मिशन 'आकाशीय निगरानी प्लेटफॉर्म' (ए.एस.पी.) के लिए भेजे गए, जिनमें एयरक्राफ्ट निगरानी व्यवस्था की गई थी। उसमें मोटोडोम के रूप में सबसे ऊपर वायुयान निगरानी प्रणाली के साथ एवरो था, जिसके विमान की बॉडी पर तश्तरी या डिश जैसा ढाँचा था।

11 जनवरी, 1999; दो वायुयान बंगलौर से अरक्कोनम-चेन्नई समुद्र तट पर वैज्ञानिक मिशन 'आकाशीय निगरानी प्लेटफॉर्म' (ए.एस.पी.) के लिए भेजे गए, जिनमें एयरक्राफ्ट निगरानी व्यवस्था की गई थी। उसमें मोटोडोम के रूप में सबसे ऊपर वायुयान निगरानी प्रणाली के साथ एवरो था, जिसके

विमान की बॉडी पर तश्तरी या डिश जैसा ढाँचा था। वह 10,000 फीट तक उड़ान भर सकता था तथा उसे रडार के प्रयोग के लिए उतारा गया था। एवरो के उड़ान भरने के 15 मिनट पहले AN-32 ने बंगलौर से उड़ान भरी थी। यह रडार टेस्टिंग का टारगेट विमान था। इस प्रयोग की प्रक्रिया लगभग डेढ़ घंटे तक ठीक-ठाक चलती रही। यह यान रडार की परिधि में रहा, जिससे हम सब बहुत खुश थे। AN-32 अरक्कोनम तट पर 4 बजे पहुँचा। एवरो ए.एस.पी. इसी समय अरक्कोनम के लिए उड़ाया गया। जब यह 10,000 फीट की ऊँचाई से 5,000 फीट तक पहुँचा, तब तक सब सामान्य ही चल रहा था, लेकिन एवरो जब एयरफील्ड से 5 नॉटिकल मील दूर था तथा 3,000 और 5,000 फीट के बीच ऊँचाई पर था, तब वह मोटोडोम नीचे गिर गया। संतुलन के बिगड़ने से एयरक्रॉफ्ट डगमगाने लगा और दुर्घटनाग्रस्त हो गया। दुर्भाग्यवश उस यान में बैठे सभी 8 लोग मारे गए।

जब यह सूचना मुझे दी गई, मैं साउथ ब्लॉक में रक्षा अनुसंधान परिषद् की मीटिंग में था। मैंने मीटिंग बीच में छोड़ दी और एयर चीफ मार्शल ए.वाई. टिपनिस के साथ बंगलौर की ओर रवाना हो गया था। आगामी दिन बहुत कारुणिक थे। मैं शहीद परिवारवालों से मिला था, जिनमें कुछ जवान विधवाएँ थीं, जिनके पति उस दुर्घटना में शहीद हो गए थे।

जब यह सूचना मुझे दी गई, मैं साउथ ब्लॉक में रक्षा अनुसंधान परिषद् की मीटिंग में था। मैंने मीटिंग बीच में छोड़ दी और एयर चीफ मार्शल ए.वाई. टिपनिस के साथ बंगलौर की ओर रवाना हो

गया था। आगामी दिन बहुत कारुणिक थे। मैं शहीद परिवारवालों से मिला था, जिनमें कुछ जवान विधवाएँ थीं, जिनके पति उस दुर्घटना में शहीद हो गए थे। कुछ के पास उनके छोटे बच्चे थे। मुझे समझ में नहीं आ रहा था कि मैं उन सबको कैसे दिलासा दूँ, जिनके प्रिय पति तथा बेटे इस रक्षा के परीक्षण में अपनी जान दे चुके थे? क्या उन लोगों को धीरज दिया जा सकता था, जिनका भयानक डर सच बनकर सामने आया था? मैं उस समय बिल्कुल नि:शब्द हो चुका था तथा मानसिक रूप से खामोश हो गया था, जब एक माँ अपने बच्चे की तरफ इशारा करके कहने लगी, "अब इस छोटे बच्चे की देखभाल कौन करेगा?" एक और माँ ने भी कुछ ऐसा ही कहा, जो मेरे दिल को छू गया—"आपने हमारे साथ ऐसा क्यों किया?"

वह विस्फोट इतना भयानक था कि दुर्घटना के बाद आठों मृतकों का कोई निशान नहीं मिला था। हमने कुछ ताबूत परिजनों की तसल्ली के लिए बनवाए थे। हमने इनको वायुसेना के मुख्य हॉल में रखा। मैंने उन शहीदों को श्रद्धांजलि देते हुए उनके लिए एक भाषण दिया, जो उस दोपहर अपना कार्य करते हुए चले गए और लौटकर अपने घर वापस नहीं आए। मैं जब अपने कमरे में

वह विस्फोट इतना भयानक था कि दुर्घटना के बाद आठों मृतकों का कोई निशान नहीं मिला था। हमने कुछ ताबूत परिजनों की तसल्ली के लिए बनवाए थे। हमने इनको वायुसेना के मुख्य हॉल में रखा। मैंने उन शहीदों को श्रद्धांजलि देते हुए उनके लिए एक भाषण दिया, जो उस दोपहर अपना कार्य करते हुए चले गए और लौटकर अपने घर वापस नहीं आए।

वापस आया तो दु:ख में डुबा हुआ था। मैं स्वयं को कसूरवार समझ रहा था। मैंने अपनी डायरी में लिखा—

चिराग अलग-अलग हैं,
पर
नूर तो एक है
लौटा दी
संसार को खुशियाँ
मेरी आत्मा में
बस तेरी ही
टेक है…।

इस घटना के कई वर्ष गुजरने के बाद मैं अपने दफ्तर साउथ ब्लॉक से राष्ट्रपति भवन में चला गया था, लेकिन मेरे साथ उन विधवाओं की चीखें थीं। इसके साथ ही उजड़े हुए शहीदों के निराश्रित अभिभावक थे तथा छोटे बच्चों की किलकारियाँ थीं, जो मेरे मन में आज भी मौजूद थीं। यह सच था कि वे सब अपने चहेतों को दोबारा नहीं देख सकते थे, जो उन सबको इस हाल में छोड़कर जा चुके थे और सिर्फ ताबूत के चिह्न बनकर रह गए थे। यह सब सोचने मात्र से मेरा दिल टूट जाता था। जब

इस घटना के कई वर्ष गुजरने के बाद मैं अपने दफ्तर साउथ ब्लॉक से राष्ट्रपति भवन में चला गया था, लेकिन मेरे साथ उन विधवाओं की चीखें थीं। इसके साथ ही उजड़े हुए शहीदों के निराश्रित अभिभावक थे तथा छोटे बच्चों की किलकारियाँ थीं, जो मेरे मन में आज भी मौजूद थीं।

वैज्ञानिक एवं रक्षा तकनीकों के नए आविष्कारों की चर्चा होगी, क्या राज करनेवाले लोग इन्हें याद करेंगे कि प्रयोगशालाओं में तथा मैदानों में इन लोगों ने अपना बलिदान दिया ? राजनीति से जुड़े लोग शायद इन बलिदानों, परिश्रमों तथा नैतिक गुणों के बिना इस देश का निर्माण नहीं कर सकते थे। यही वास्तव में देश-निर्माण है।

हम जब दूसरे से ज्यादा शक्ति हासिल कर लेते हैं तो सोचते हैं कि उन्नति के शिखर पर पहुँच गए हैं। मेरे विचार में, हमें ऐसे समय में ही पीछे मुड़कर देखना चाहिए और हमें पता होना चाहिए कि किन व्यक्तियों के कठिन परिश्रम तथा बलिदान से हमने अपने किले बनाए हैं। जब मैं अपने मित्र श्री अरुण तिवारी से इस श्रृंखला के बारे में बात कर रहा था तो उन्होंने मुझसे पूछा, "इसका क्या संदेश है ?" मेरा जवाब था, "अपने को एक मोमबत्ती न समझकर खुद को एक पतंगे की तरह मान लो, सेवा भाव को छिपी हुई शक्ति समझो। हम सिर्फ राजनीतिक घटनाओं को ही देश-निर्माण समझते हैं; परंतु बलिदान, परिश्रम तथा निर्भयता ही सही अर्थों में देश बनाते हैं।"

हम जब दूसरे से ज्यादा शक्ति हासिल कर लेते हैं तो सोचते हैं कि उन्नति के शिखर पर पहुँच गए हैं। मेरे विचार में, हमें ऐसे समय में ही पीछे मुड़कर देखना चाहिए और हमें पता होना चाहिए कि किन व्यक्तियों के कठिन परिश्रम तथा बलिदान से हमने अपने किले बनाए हैं। जब मैं अपने मित्र श्री अरुण तिवारी से इस श्रृंखला के बारे में बात कर रहा था तो उन्होंने मुझसे पूछा, "इसका क्या संदेश है?"

अब, जब मैं उन घटनाओं पर विचार करता हूँ तो उनके

तात्कालिक प्रभाव को ही नहीं बल्कि ऐसी घटनाओं को भी याद करता हूँ, जो बाद में धीरे-धीरे समझ में आने लगी थीं। मुझे उनका अहसास हुआ, जैसे सुधाकर का अस्पताल में दाखिल होना, ऐसे परिवारों को लंबी प्रक्रिया से गुजरने के बाद सरकार से मुआवजा मिलना, जो अपने प्रिय जनों को खो चुके हैं। मुझे भी सघन एकांत व अकेलेपन का अहसास होता है। दु:ख के समय आप वास्तव में अकेले होते हैं। इन्हीं क्षणों में आप सही मायनों में खुद से मिलते हैं। मुझे लगा कि मैं व्यापक चेतना के धरातल पर पहुँच रहा हूँ तथा जागृति के उच्च स्तर को छू रहा हूँ, जहाँ जीवन के स्वरूप तथा अस्तित्व संबंधी सवालों के समाधान सामने आ रहे हैं और इनसे बुद्धिमत्ता की नई गहराइयाँ विकसित हो रही हैं। हममें से प्रत्येक व्यक्ति को मृत्यु का तथा जीवन में मर्मांतक आघात का सामना करना पड़ता है, लेकिन इस धरती पर अपने 80 वर्ष के जीवन में मैंने सीखा है कि यही दर्द के पल हमारे सच्चे साथी होते हैं। आनंद प्रवाहमान है, जबकि वास्तविक आनंद और शांति तीव्र पीड़ा सहने के बाद ही मिलती है, जब हम अपनी आत्मा के दर्पण में खुद का सामना करते हैं तथा 'स्व' को समझते हैं, जान पाते हैं।

अब, जब मैं उन घटनाओं पर विचार करता हूँ तो उनके तात्कालिक प्रभाव को ही नहीं बल्कि ऐसी घटनाओं को भी याद करता हूँ, जो बाद में धीरे-धीरे समझ में आने लगी थीं। मुझे उनका अहसास हुआ, जैसे सुधाकर का अस्पताल में दाखिल होना, ऐसे परिवारों को लंबी प्रक्रिया से गुजरने के बाद सरकार से मुआवजा मिलना, जो अपने प्रिय जनों को खो चुके हैं।

□

मेरे सलाहकार,
डॉ. विक्रम साराभाई

हम सबके जीवन में अनेक अध्यापक व मार्गदर्शक आते हैं। मैं अगर बचपन में अपने माता-पिता को देखूँ तथा अपने अध्यापकों को देखूँ, तब मेरे दोस्त एवं जीजा अहमद जलालुद्दीन ने मेरे जीवन के कठिन वर्षों में मार्गदर्शन किया और मैं एक अबोध बालक से परिपक्व व्यक्ति बना। जब मैं अपने कॅरियर की दहलीज पर था, उस समय अत्यंत भाग्यशाली रहा, क्योंकि मैं डॉ. विक्रम साराभाई जैसे पुरुष की छत्रच्छाया में काम कर रहा था।

वे एक वैज्ञानिक, शिक्षाविद्, संस्थाओं को बनानेवाले तथा दूरदर्शी व्यक्ति थे। उन्होंने आधुनिक भारत के उत्थान के लिए अथक मेहनत की तथा इस क्षेत्र में वे एक महान् चिंतक रहे। उन्होंने एक योग्य लीडर तथा बुद्धिमान व्यक्ति के बीच संतुलन बनाए रखा। यह हमारे देश का सौभाग्य था कि उन्हें आजादी के बाद अंतरिक्ष से जुड़े कार्यक्रमों का संचालन दिया गया। उनके बारे में तथा उनकी उपलब्धियों के बारे में बहुत कुछ लिखा गया। इसरो (ISRO) में मिली उनकी उपलब्धियों के अलावा भारतीय अंतरिक्ष मिशन के सुगठित वक्ता के साथ-साथ वे परमाणु ऊर्जा आयोग के अध्यक्ष भी रहे। इसके अतिरिक्त, उन्होंने अनेक संस्थानों की स्थापना की। इनमें से एक इंडियन इंस्टीट्यूट ऑफ मैनेजमेंट (आई.आई.एम.), अहमदाबाद था। मैं उन्हें जिस दृष्टि से देखता था,

उनकी छवि एक उच्च श्रेणी के नायक जैसी दिखाई दी, जिन्होंने अपने कार्यक्षेत्र में उत्कृष्ट स्थान बनाया था और हम जैसे रॉकेट इंजीनियर की नजर में वे इससे भी कहीं आगे थे।

मैं जब उनसे पहली बार मिला, मुझे साक्षात्कार के लिए 'इन्कोस्पार' (INCOSPAR) में एक रॉकेट इंजीनियर के लिए बुलाया गया था। वह आमंत्रण मुझे अचानक ही मिला था, जिसकी मुझे कोई आशा नहीं थी। 'टाटा इंस्टीट्यूट ऑफ फंडामेंटल रिसर्च' (टी.आई.एफ.आर.) के प्रो. एम.जी.के. मेनन ने नंदी हॉवरक्राफ्ट पर किए गए मेरे काम को देखा था, अत: मुझे इस साक्षात्कार में क्या पूछा जाएगा, उसका अंदाजा हो गया था। उसमें मुझसे क्या उम्मीद रखेंगे तथा उसमें भाग लेनेवाले कौन व्यक्ति हो सकते हैं, इसका मुझे थोड़ा अंदाजा था; परंतु इसका अंदाजा मुझे नहीं था कि मेरी किस योग्यता को परखा जाना था। मैं खुले दिमाग से मुंबई पहुँच गया, इस विचार के साथ कि मुझे इस साक्षात्कार से ज्यादा उम्मीदें नहीं रखनी हैं। जीवन ने मुझे सिखाया था कि हमें अधिक उम्मीदें नहीं लगानी चाहिए। हमें अपना दिमाग हमेशा खुला रखना चाहिए तथा शांत भाव से कार्य में रम जाना चाहिए।

मैं जब उनसे पहली बार मिला, मुझे साक्षात्कार के लिए 'इन्कोस्पार' (INCOSPAR) में एक रॉकेट इंजीनियर के लिए बुलाया गया था। वह आमंत्रण मुझे अचानक ही मिला था, जिसकी मुझे कोई आशा नहीं थी।

मेरा साक्षात्कार डॉ. विक्रम साराभाई, प्रो. मेनन तथा श्री श्राफ ने लिया, जो परमाणु ऊर्जा आयोग में उप-सचिव थे। वे सभी वैज्ञानिक

विषयों के माहिर थे, सब ज्ञान के भंडार थे। मैंने उस कमरे में एक अलग तरह की गर्मजोशी व शालीनता महसूस की थी। इस साक्षात्कार ने मेरे तथा डॉ. विक्रम साराभाई के बीच भावी संबंधों की नींव रखी। उन्होंने मेरे बारे में पूरा विश्लेषण कर लिया था। मेरे जीवन के विभिन्न विषयों, जैसे मेरे ज्ञान की जानकारी न लेकर उन्होंने मेरे व्यक्तित्व, मेरे जीवन के लक्ष्यों के बारे में जानकारी प्राप्त की थी। मेरे जीवन में विकास की क्या सीमाएँ हैं, न केवल व्यापारिक विषयों से संबंधित, बल्कि एक सफल मनुष्य के बारे में भी जानकारी ले ली थी। वे प्रोत्साहित करनेवाले तथा मधुर भाषी थे और मेरी बातों को ध्यान से सुन रहे थे। मुझे ऐसा प्रतीत हो रहा था कि वे मेरा चयन एक इंजीनियर के लिए नहीं कर रहे हैं, बल्कि मेरी भावी सक्षमता व सामर्थ्य को देख रहे थे। वे अपना कीमती समय मेरे बारे में जानने के लिए लगा रहे थे। वे मेरा पूरा खयाल रख रहे थे। यह मेरे प्रोफेशनल जीवन में पहला अनुभव था कि किसी महान् व्यक्ति ने मेरी सोच को तथा मेरे सपनों के बारे में जानने की कोशिश की, जो देश के अंतरिक्ष ज्ञान से संबंधित थे।

मेरे जीवन के विभिन्न विषयों, जैसे मेरे ज्ञान की जानकारी न लेकर उन्होंने मेरे व्यक्तित्व, मेरे जीवन के लक्ष्यों के बारे में जानकारी प्राप्त की थी। मेरे जीवन में विकास की क्या सीमाएँ हैं, न केवल व्यापारिक विषयों से संबंधित, बल्कि एक सफल मनुष्य के बारे में भी जानकारी ले ली थी।

मैं 'इन्कोस्पार' में नियुक्त हो गया था। मेरे लिए वह ऐसा था, मानो मेरा सपना साकार हो गया हो! यह मेरे लिए बहुत बड़े पेशे की अच्छी शुरुआत थी। जैसे ही मैं अपने नए क्षेत्र में आया था, मैंने उस

संस्थान, उसके कार्य-स्तर तथा उससे संबंधित लोगों की जानकारी प्राप्त की। मैं अपने पुराने कार्यालय से इस संस्थान की तुलना कर रहा था, जो एकदम अलग था। यहाँ का माहौल तनाव-मुक्त था। वहाँ वरीयता तथा पदों में भेदभाव नहीं बरता जाता था।

इसके बाद मैंने डॉ. साराभाई की कहानी सुनी थी कि किस तरह उन्होंने 'थुंबा इक्वेटोरियल रॉकेट लॉञ्चिग स्टेशन' की स्थापना की थी। यह कहानी सुनने से मैं थका नहीं था, क्योंकि मेरा मानना था यह विज्ञान तथा आध्यात्मिक विषयों का आपस में मिलना था। ये दोनों ही विकास की मजबूत ताकत हैं।

इसके बाद मैंने डॉ. साराभाई की कहानी सुनी थी कि किस तरह उन्होंने 'थुंबा इक्वेटोरियल रॉकेट लॉञ्चिग स्टेशन' की स्थापना की थी। यह कहानी सुनने से मैं थका नहीं था, क्योंकि मेरा मानना था यह विज्ञान तथा आध्यात्मिक विषयों का आपस में मिलना था। ये दोनों ही विकास की मजबूत ताकत हैं।

यह वर्ष 1962 की बात है, डॉ. विक्रम साराभाई अंतरिक्ष अनुसंधान केंद्र की स्थापना के लिए स्थान की खोज में थे। वे अलग-अलग क्षेत्रों का भ्रमण कर रहे थे। वे केरल में थुंबा गए। यह दक्षिण भारत में भूमध्य रेखा क्षेत्र में था तथा इस कार्य के लिए उत्तम स्थान था और आयनमंडल अनुसंधान के लिए अच्छा वातावरण था।

जब डॉ. साराभाई थुंबा गए, वहाँ बहुत से गाँव तथा हजारों मछुआरों के घर थे। उस क्षेत्र में एक पुराना सुंदर चर्च था। उसके पास ही सेंट मेरी मागडेलेन चर्च तथा बिशप का निवास था। डॉ. साराभाई ने बहुत से राजनीतिज्ञों तथा बड़े अफसरों से मिलकर शोध-कार्य के लिए

वहाँ जगह देने का आग्रह किया, जिसमें उन्हें कई परेशानियों से गुजरना पड़ रहा था। आखिरकार उन्हें तिरुवनंतपुरम् के बिशप रेवरेंड फादर डॉ. पीटर बर्नार्ड परेरा से मिलने के लिए कहा गया।

शनिवार को डॉ. साराभाई बिशप से मिले। बिशप ने मुसकराकर कहा कि आप अगले दिन रविवार को मिलें। संडे चर्च की सर्विस के बाद बिशप ने अनुयायियों से कहा—''मेरे बच्चो, मेरे साथ ये एक बहुत बड़े वैज्ञानिक हैं। वैज्ञानिक शोध-कार्य के लिए इस चर्च तथा इस स्थान, जिसमें मैं रहता हूँ, को माँग रहे हैं। मेरे बच्चो, विज्ञान सच को कारण के साथ परखता है। एक तरह से विज्ञान एवं आत्मिक ज्ञान दोनों ही जन-कल्याण के लिए प्रकृति से आशीर्वाद माँगते हैं। मेरे बच्चो, क्या मैं भगवान् का स्थान इस वैज्ञानिक मिशन के लिए दे सकता हूँ?'' सभी अनुयायियों ने एक स्वर से 'आमीन' कहकर उनकी बात को स्वीकृति दी। इसके बाद रेवरेंड डॉ. पीटर बर्नार्ड परेरा ने जन-हित में चर्च की बिल्डिंग में राष्ट्रीय शोध केंद्र 'इसरो' (ISRO) बनाने की अनुमति दे दी। यह वह स्थान बन गया जहाँ डिजाइन कार्य, रॉकेट को जोड़ने तथा अन्य तरह के कार्य किए जाने लगे। बिशप का घर अब

मेरे बच्चो, मेरे साथ ये एक बहुत बड़े वैज्ञानिक हैं। वैज्ञानिक शोध-कार्य के लिए इस चर्च तथा इस स्थान, जिसमें मैं रहता हूँ, को माँग रहे हैं। मेरे बच्चो, विज्ञान सच को कारण के साथ परखता है। एक तरह से विज्ञान एवं आत्मिक ज्ञान दोनों ही जन-कल्याण के लिए प्रकृति से आशीर्वाद माँगते हैं। मेरे बच्चो, क्या मैं भगवान् का स्थान इस वैज्ञानिक मिशन के लिए दे सकता हूँ?

हमारी विज्ञान कार्यशाला बन चुका था। चर्च की बिल्डिंग को प्यार से तथा सावधानी से रखा जा रहा था, क्योंकि यह एक यादगार इमारत थी, जहाँ से हमारे अंतरिक्ष कार्यक्रम का आरंभ हुआ। आज उस मिशन में 'इंडियन स्पेस संग्रहालय' स्थापित है, बाद में 'विक्रम साराभाई स्पेस सेंटर' (वी.एस.एस.सी.) तथा अनेक अंतरिक्ष केंद्रों की स्थापना की गई।

जब मैं इस घटना के बारे में सोचता हूँ, मुझे प्रतीत होता है कि आध्यात्मिक व वैज्ञानिक नेतागण का यह अनोखा संगम था, जिन्होंने एक बड़े उद्देश्य के लिए उदात्त भाव से कार्य किया। बाद में एक नए चर्च तथा कुछ नए स्कूलों का निर्माण रिकॉर्ड समय में थुंबा क्षेत्र में किया गया। 'टी.ई.आर.एल.एस.' तथा 'वी.एस.एस.सी.' ने भारत को संसार के उच्च कोटि के रॉकेट डिजाइन तथा उत्पादन आदि में ख्याति दिलाई। इसके बाद भारत ने जियो-सिन्क्रोनस, सन-सिन्क्रोनस तथा मौसम विज्ञान, संचार उपग्रह एवं दूर संवेदी उपग्रहों का आविष्कार किया, जिनसे संचार, मौसम की जानकारी तथा पानी के विभिन्न स्रोतों की खोज के क्षेत्र में भारत को अद्वितीय उपलब्धि मिली। आज डॉ. विक्रम साराभाई तथा रेवरेंड पीटर

जब मैं इस घटना के बारे में सोचता हूँ, मुझे प्रतीत होता है कि आध्यात्मिक व वैज्ञानिक नेतागण का यह अनोखा संगम था, जिन्होंने एक बड़े उद्देश्य के लिए उदात्त भाव से कार्य किया। बाद में एक नए चर्च तथा कुछ नए स्कूलों का निर्माण रिकॉर्ड समय में थुंबा क्षेत्र में किया गया। 'टी.ई.आर.एल.एस.' तथा 'वी.एस.एस.सी.' ने भारत को संसार के उच्च कोटि के रॉकेट डिजाइन तथा उत्पादन आदि में ख्याति दिलाई।

बर्नार्ड परेरा दोनों ही हमारे बीच नहीं हैं, लेकिन मैं आज भी उन्हें खिलते हुए फूलों के बीच देखता हूँ, जिन्होंने दूसरों के जीवन को महत्त्व दिया। ऐसा ही भाव 'श्रीमद्भगवद् गीता' में दिया गया है—"फूलों को देखो, कैसे सद्भाव से दूसरों को अपनी खुशबू एवं शहद देते हैं! वे अपना स्नेह सभी में बिना किसी भेदभाव के बाँटते हैं। जब उनका कार्य समाप्त हो जाता है, वे शांत भाव से गिर जाते हैं। हमें एक फूल की तरह अपना जीवन जीना चाहिए तथा बिना अहंकार के अपने गुण सभी को बाँटने चाहिए।"

यह कहानी बताती है कि किस तरह से हमने रॉकेट लॉञ्चिंग के लिए स्थान की तलाश की, जो सभी आयु वर्ग के लिए प्रेरणादायक संदेश था। यह मानसिक स्तर पर एक अनोखा सामंजस्य था। इस संसार में शायद ही किसी चर्च ने जन-कल्याण के लिए, वैज्ञानिक अनुसंधान के लिए बिल्डिंग दान में दी हो, जो केवल भारत में ही संभव था। इससे यह संदेश मिलता है कि किस तरह से आध्यात्मिक ज्ञान को समाज कल्याण में बदला जा सकता है।

यह कहानी बताती है कि किस तरह से हमने रॉकेट लॉञ्चिंग के लिए स्थान की तलाश की, जो सभी आयु वर्ग के लिए प्रेरणादायक संदेश था। यह मानसिक स्तर पर एक अनोखा सामंजस्य था। इस संसार में शायद ही किसी चर्च ने जन-कल्याण के लिए, वैज्ञानिक अनुसंधान के लिए बिल्डिंग दान में दी हो, जो केवल भारत में ही संभव था।

मैं जैसे ही 'इसरो' (ISRO) के कार्य से जुड़ा, मेरा संबंध डॉ. साराभाई से लगातार होने लगा था। उन्होंने देश की अंतरिक्ष

उपलब्धियों को साकार किया, जो थुंबा से इस प्रोग्राम को सफल बनाने से आरंभ हुई थीं। यह सपना 'एस.एल.वी.' के रूप में आकर साकार हुआ। इसी समय भारत ने अपना 'रॉकेट सहायक टेक ऑफ सिस्टम' (RATO) शुरू किया, जिसे सेना के विमानों को गुप्त रूप से उड़ाने के लिए इस्तेमाल किया जा सकता था। मैं उनके काम करने के तरीके तथा उनकी दिमाग की सोच का कायल था। उनके दिमाग में उठनेवाले भाव तथा अपने लक्ष्य पर पहुँचने की भरपूर क्षमता थी। दुनिया के दूसरे देश जिस लक्ष्य को हासिल करने के बारे में सोच भी नहीं सकते थे, वे उसे प्राप्त करने का हौसला रखते थे।

> ***डॉ. साराभाई में एक अच्छे नेता व नायक होने के सभी गुण मौजूद थे, जिनके कारण वे साधारण से व्यक्ति को भी प्रभावित कर सकते थे। मेरा मानना है कि उनमें एक अच्छे लीडर के सभी महत्त्वपूर्ण गुण मौजूद थे। मैं यहाँ एक-एक करके उनके सभी गुणों की समीक्षा कर रहा हूँ।***

डॉ. साराभाई में एक अच्छे नेता व नायक होने के सभी गुण मौजूद थे, जिनके कारण वे साधारण से व्यक्ति को भी प्रभावित कर सकते थे। मेरा मानना है कि उनमें एक अच्छे लीडर के सभी महत्त्वपूर्ण गुण मौजूद थे। मैं यहाँ एक-एक करके उनके सभी गुणों की समीक्षा कर रहा हूँ।

सर्वप्रथम, उनमें दूसरों को सुनने व समझने की क्षमता थी। वे हर किसी के सुझाव को ध्यान से सुनते थे। भारतीय संस्थाओं में कार्यरत उच्च अधिकारी अपने अधीन कार्मिकों को अकसर नहीं सुनते हैं, जिससे विकास की गति में रुकावट आती है। इस बारे में एक मत बन गया है कि निर्णय उच्च शिखर से नीचे तक आते हैं।

उच्च अधिकारी अपने अधीन कर्मचारियों को धमकाकर तथा डराकर रखना चाहते हैं। डॉ. साराभाई हम सब में पूरा विश्वास रखते थे तथा उनकी अपने सहयोगियों में आस्था थी। 'इन्कोस्पार' में हम युवकों का समूह कम अनुभववाले इंजीनियरों का समूह था, जो उत्साह से भरे थे तथा कुछ नया करने का हौसला रखते थे। वे हमारी भावनाओं तथा उत्साह को प्रोत्साहित करते थे, ताकि हमारी सोच को नई दिशा मिल सके और हमें यह विश्वास हो कि हम सब एक बड़ी संस्था के हिस्से हैं। उनके थुंबा के दौरे से पहले हम सब युवकों में एक नया उत्साह था। हम अपने कार्य में कुछ विशेष करना चाहते थे। उन्होंने हमारे उत्साह व ध्येय को अर्थपूर्ण बनाने के लिए हमारे उत्साह को बढ़ाया तथा हमें महसूस कराया कि हम भी इस महान् कार्य के एक महत्त्वपूर्ण भाग हैं। उनकी थुंबा-यात्रा हममें एक नया उत्साह संचारित कर रही थी; क्योंकि हममें से हर कोई अपने क्षेत्र में नई उपलब्धियों के बारे में उन्हें बताता था—भले ही वे नए डिजाइन हों, निर्माण की विधि हो या फिर प्रशासनिक क्षेत्र हो।

'इन्कोस्पार' में हम युवकों का समूह कम अनुभववाले इंजीनियरों का समूह था, जो उत्साह से भरे थे तथा कुछ नया करने का हौसला रखते थे। वे हमारी भावनाओं तथा उत्साह को प्रोत्साहित करते थे, ताकि हमारी सोच को नई दिशा मिल सके और हमें यह विश्वास हो कि हम सब एक बड़ी संस्था के हिस्से हैं। उनके थुंबा के दौरे से पहले हम सब युवकों में एक नया उत्साह था।

इस सफल लीडर में दूसरी योग्यता यह देखी गई थी कि

उनकी सोच सृजनात्मक थी और वे अपने कार्य में अडिग रहते थे तथा जल्दी अपनी राह से दूर नहीं जाते थे। जब डॉ. साराभाई ने विचार किया कि हमें 'एस.एल.वी.' तथा 'राटो' (RATO) दोनों पर ही कार्य करना चाहिए, जबकि इन दोनों में कोई समन्वय नजर नहीं आ रहा था। बाद में यह सच सामने आया कि उनकी सोच, जो कि प्रारंभिक स्तर पर थी, वह वास्तव में परस्पर जुड़ी हुई थी। मैं यह सच्चाई जान चुका था तथा पूरी तन्मयता से प्रयोगशाला में सावधानी से कार्य में जुट गया था। व्यापक अर्थों में डॉ. साराभाई ने भारत अंतरिक्ष के कार्यक्रम को एकीकृत रूप में एवं विनिर्माण रूप में देखा था, जिसमें रॉकेट का निर्माण, उपग्रह लॉञ्च व्हीकल तथा लॉञ्च सुविधा स्थल शामिल थे। इसके अलावा रॉकेट के ईंधन विकास से जुड़ा व्यापक कार्यक्रम प्रणोदन प्रणाली, एरोनॉटिक्स एवं एरोस्पेस सामान, ट्रेकिंग सिस्टम एवं उपकरण तथा स्पेस साइंस एवं टेक्नोलॉजी सेंटर और फिजिकल रिसर्च लैबोरेटरी, अहमदाबाद में एकत्रित किए गए। जब डॉ. साराभाई ने इस सपने को साकार करने के बारे में सोचा था, उनपर कई तरह के प्रश्न उठाए गए थे कि क्या भारत जैसे देश के लिए रॉकेट जैसे विषयों पर कार्य करना उचित होगा, जबकि देश की अधिकतर जनता भूख व गरीबी की समस्याओं से जूझ रही थी? लेकिन उनका पं.

मैं यह सच्चाई जान चुका था तथा पूरी तन्मयता से प्रयोगशाला में सावधानी से कार्य में जुट गया था। व्यापक अर्थों में डॉ. साराभाई ने भारत अंतरिक्ष के कार्यक्रम को एकीकृत रूप में एवं विनिर्माण रूप में देखा था, जिसमें रॉकेट का निर्माण, उपग्रह लॉञ्च व्हीकल तथा लॉञ्च सुविधा स्थल शामिल थे।

जवाहरलाल नेहरू के साथ एक समझौता हुआ था कि अगर भारत को आत्मनिर्भर होना है या फिर विश्व में अपना स्थान बनाना है तो हमें सभी क्षेत्रों में आधुनिक एवं उन्नत प्रौद्योगिकी को अपनाना होगा, जिनसे असल जिंदगी की समस्याओं से जूझा जा सकता है। इसलिए हमारा अंतरिक्ष से जुड़ा कार्यक्रम विकसित देशों की तरह कोई नया प्रोग्राम नहीं था तथा दूसरे देशों की दौड़ में साथ रहना नहीं था, बल्कि यह समय की माँग थी कि किस तरह से इस तकनीक को अपनाकर दूरसंचार, मौसम विज्ञान तथा शिक्षा के क्षेत्र में सफलता प्राप्त की जाए।

डॉ. साराभाई की तीसरी विशेषता, जिसे मैंने महसूस किया और अपने जीवन में भी अपनाया कि उनमें टीम बनाकर काम करने की निपुणता थी। डॉ. साराभाई में यह विचित्र गुण था। वे निश्चित कार्य के लिए सही व्यक्ति का चयन करना जानते थे। उसके बाद उस व्यक्ति को हर मोड़ पर प्रोत्साहित करते थे। भले ही उसमें अनुभव की कमी हो, वे उसे हर तरह से सहायता देते थे। अपनी टीम का हौसला बढ़ाने का उनका अपना ही तरीका था, जो एक सफल तथा निपुण टीम लीडर

डॉ. साराभाई की तीसरी विशेषता, जिसे मैंने महसूस किया और अपने जीवन में भी अपनाया कि उनमें टीम बनाकर काम करने की निपुणता थी। डॉ. साराभाई में यह विचित्र गुण था। वे निश्चित कार्य के लिए सही व्यक्ति का चयन करना जानते थे। उसके बाद उस व्यक्ति को हर मोड़ पर प्रोत्साहित करते थे। भले ही उसमें अनुभव की कमी हो, वे उसे हर तरह से सहायता देते थे।

में पाया जाता है, विशेषतः हमारे कार्यक्षेत्र में, जिसमें असफलताएँ हर समय जुड़ी रहती हैं। वे जब समझते थे कि परिस्थितियाँ कठिन हो सकती हैं, ऐसे वक्त में भी वे हमारी हिम्मत बढ़ाते थे तथा यह जानते हुए भी कि हमने अपने ध्येय को प्राप्त नहीं किया है, वे ऐसे में हमें तनाव-मुक्त रखने के लिए माहौल को खुशनुमा बना देते थे। उनकी इस भावना के कारण सभी सदस्य उनके साथ ईमानदारी से खड़े रहते थे तथा उनके लक्ष्य की प्राप्ति में पूरा सहयोग देते थे। हर कोई यह जानता था कि उसे पूरा सहयोग मिलेगा तथा उसकी मेहनत को पूरा महत्त्व दिया जाएगा।

और अंत में, उनकी सबसे अलग विशेषता थी—वह असफलता मिलने पर उससे आगे सोचते थे। मुझे याद है कि थुंबा में हम एस.एल.वी. की कार्य-प्रणाली तथा प्रौद्योगिकी पर कार्य कर रहे थे। यान के 'नोस कॉन-सिस्टम' के बारे में प्रयोग कर रहे थे, जब डॉ. साराभाई को बटन दबाना था, जो टाइमर सर्किट से जुड़े होने के कारण—जिससे पाइरो सिस्टम अपने आप काम करने लगता—लेकिन जब उन्होंने बटन दबाया तो कुछ भी नहीं हुआ।

और अंत में, उनकी सबसे अलग विशेषता थी—वह असफलता मिलने पर उससे आगे सोचते थे। मुझे याद है कि थुंबा में हम एस.एल.वी. की कार्य-प्रणाली तथा प्रौद्योगिकी पर कार्य कर रहे थे। यान के 'नोस कॉन-सिस्टम' के बारे में प्रयोग कर रहे थे, जब डॉ. साराभाई को बटन दबाना था, जो टाइमर सर्किट से जुड़े होने के कारण—जिससे पाइरो सिस्टम अपने आप काम करने

लगता—लेकिन जब उन्होंने बटन दबाया तो कुछ भी नहीं हुआ। मैं अपने सहयोगी प्रमोद काले के साथ चकित रह गया, जिन्होंने टाइमर के साथ उस डिजाइन को बनाया था। हम जल्द ही इस समस्या को समझ गए। हमने अंदर जाकर उसे टाइमर सिस्टम से अलग कर दिया। जब डॉ. साराभाई ने बटन दबाया, एक हलकी चिनगारी से सिस्टम आरंभ हुआ तथा 'नोस-कॉन' सक्रिय हो गया, जिसकी हमें उम्मीद थी। इस पर डॉ. साराभाई ने हम सबको बधाई दी। लेकिन वहाँ से विदा होने से पहले उनके चेहरे पर चिंता के भाव नजर आ रहे थे।

उस शाम मुझे डॉ. साराभाई के पास कोवलम पैलेस होटल, त्रिवेंद्रम में बुलाया गया। मेरे मन में उस समय चिंता का भाव था। किंतु वे मुझसे अपने पुराने अंदाज में ही मिले तथा मुझसे रॉकेट लॉञ्च स्टेशन के बारे में बातचीत की। उसके बाद वे सुबह की घटना के बारे में बात करने लगे। मैं समझ गया था, मुझे इस बारे में विरोध को सुनना पड़ेगा।

उस शाम मुझे डॉ. साराभाई के पास कोवलम पैलेस होटल, त्रिवेंद्रम में बुलाया गया। मेरे मन में उस समय चिंता का भाव था। किंतु वे मुझसे अपने पुराने अंदाज में ही मिले तथा मुझसे रॉकेट लॉञ्च स्टेशन के बारे में बातचीत की। उसके बाद वे सुबह की घटना के बारे में बात करने लगे। मैं समझ गया था, मुझे इस बारे में विरोध को सुनना पड़ेगा। डॉ. साराभाई उससे जुड़े विषय पर विस्तृत चर्चा करने लगे—क्या हम अपने कार्य के लिए उत्साहित नहीं हैं या फिर यह कार्य हमारे लिए चुनौतीपूर्ण है ? मुझसे बात करके वे सुबह की घटना की तह तक पहुँच गए थे। हमें इस व्यवस्था को

सुचारु रूप से चलाने के लिए ऐसे स्थान की आवश्यकता थी, जहाँ से समस्त गतिविधियों को ठीक तरह से देखा या संचालित किया जा सके। इस नतीजे पर पहुँचने के बाद वे देर रात तक वहाँ ठहरे तथा इस कार्य पर विस्तृत रूप से चर्चा की। बाद में 'रॉकेट इंजीनियरिंग विभाग' स्थापित किया गया।

जैसाकि मैंने कहा था, गलतियाँ व असफलताएँ किसी भी महान् कार्य का हिस्सा होती हैं, विशेषत: हमारे क्षेत्र में देखा जाए, जहाँ हमें विभिन्न अवस्थाओं से होकर गुजरना पड़ता है। इस कार्य में छोटी सी गलती व असावधानी भी वर्षों की मेहनत पर पानी फेर सकती है। डॉ. साराभाई ने इन गलतियों को नए विकास का शुभारंभ माना। इसके बीज डॉ. साराभाई ने ही बोए थे तथा उन्हें प्रो. सतीश धवन, इस संस्था के विभिन्न उच्चाधिकारियों, प्रधान के पद पर आसीन लोगों तथा कई महान् व्यक्तियों ने अपनी मेहनत से सींचा था।

डॉ. साराभाई ने इन गलतियों को नए विकास का शुभारंभ माना। इसके बीज डॉ. साराभाई ने ही बोए थे तथा उन्हें प्रो. सतीश धवन, इस संस्था के विभिन्न उच्चाधिकारियों, प्रधान के पद पर आसीन लोगों तथा कई महान् व्यक्तियों ने अपनी मेहनत से सींचा था।

मेरे रिश्ते डॉ. विक्रम साराभाई के साथ भावनात्मक तथा उच्च बौद्धिक सोच के थे। समय-समय पर उन्होंने मेरे कार्य में विश्वास करके मुझे विभिन्न विभागों का सदस्य बनाया, ताकि विभिन्न क्षेत्रों में नई तकनीक व डिजाइनों को देश के विकास में इस्तेमाल किया जा सके, जिससे भारत विभिन्न क्षेत्रों में विकास कर सके, विशेषत:

रक्षा एवं विज्ञान के क्षेत्र में नए कीर्तिमान स्थापित कर सके। वे अपने सामने बैठे रॉकेट इंजीनियर में पूर्ण समर्पित भाव तथा कड़ी मेहनत से रॉकेट निर्माण से जुड़े अनेक सपनों को साकार होते देखते थे। वे परेशानियों तथा शंकाओं के दौर में मेरे साथ होते थे, मुझे अच्छी सलाह देते थे, मुझे निश्चित व सीधे मार्ग पर चलने की सीख देते थे और आवश्यकता होने पर मेरा मार्गदर्शन भी करते थे। उनका महान् व्यक्तित्व था और मैं स्वयं को भाग्यशाली मानता हूँ कि मैं उनकी छत्रच्छाया में कार्यरत रहा।

डॉ. साराभाई की मृत्यु मेरे लिए एक बड़ा आघात थी। उनकी मौत अचानक ही हुई थी। सन् 1971 में मैंने उनसे दिल्ली से बात की थी, जिसमें मैंने उन्हें मिसाइल पैनल की मीटिंग के बारे में जानकारी दी थी। उस पैनल में मैं हाल ही में शामिल हुआ था। वे उस समय थुंबा में थे। उन्होंने मुझे तिरुवनंतपुरम एयरपोर्ट पर मिलने के लिए कहा। वे दिल्ली से बंबई की यात्रा पर थे। दुर्भाग्य से वह मुलाकात न हो सकी। तिरुवनंतपुरम् एयरपोर्ट पर कुछ घंटों के बाद मुझे यह समाचार मिला कि वे दिल के दौरे के बाद दुनिया छोड़ गए हैं। मुझे यह ज्ञात हुआ कि उनकी

डॉ. साराभाई की मृत्यु मेरे लिए एक बड़ा आघात थी। उनकी मौत अचानक ही हुई थी। सन् 1971 में मैंने उनसे दिल्ली से बात की थी, जिसमें मैंने उन्हें मिसाइल पैनल की मीटिंग के बारे में जानकारी दी थी। उस पैनल में मैं हाल ही में शामिल हुआ था। वे उस समय थुंबा में थे। उन्होंने मुझे तिरुवनंतपुरम एयरपोर्ट पर मिलने के लिए कहा। वे दिल्ली से बंबई की यात्रा पर थे। दुर्भाग्य से वह मुलाकात न हो सकी।

मौत मुझसे बात करने के लगभग एक घंटे बाद हुई थी। वह व्यक्ति, जिसने देश के विकास के लिए वैज्ञानिकों एवं इंजीनियरों को तैयार किया था, वे सबके महत्त्वपूर्ण पदों पर आसीन होकर अपनी जिम्मेदारी निभा रहे थे; लेकिन वह महान् व्यक्ति, जो एक महान् वैज्ञानिक तथा श्रेष्ठ नेतृत्वकर्ता था, आज हमारे साथ नहीं था। वह हमें अकेला छोड़ गया था। लेकिन जाने से पहले वह हम सबमें ज्ञान का भंडार भर गया था, हमें धैर्यवान् व दूरदर्शी बना गया था। उनके प्रति हमारी सच्ची श्रद्धांजलि यही हो सकती है कि हम उनके विश्वास को कायम रखें तथा हम सब में जो काबिलियत थी, जिसे उन्होंने पहली ही मीटिंग में परखा था, उसपर हम सब खरे उतरें।

शायद मेरे साथ यह अनहोनी होती रही है। मैं जिसके बहुत नजदीक आता था, वह बिना किसी संदेश के अचानक मुझे छोड़कर चला जाता था और हर बिछुड़नेवाले इनसान को लेकर मुझे एक अजीब दुःख की लहर से होकर गुजरना पड़ता था। हर समय उस व्यक्तित्व के गुणों को मैं अपने में आत्मसात् करने की कोशिश करता था।

शायद मेरे साथ यह अनहोनी होती रही है। मैं जिसके बहुत नजदीक आता था, वह बिना किसी संदेश के अचानक मुझे छोड़कर चला जाता था और हर बिछुड़नेवाले इनसान को लेकर मुझे एक अजीब दुःख की लहर से होकर गुजरना पड़ता था। हर समय उस व्यक्तित्व के गुणों को मैं अपने में आत्मसात् करने की कोशिश करता था। मैं अपने में उनके अच्छे गुण समा लेता था—भले ही वह बिना मतलब का प्यार हो, उनकी सज्जनता का भाव हो, धर्म-निष्ठा हो। डॉ. साराभाई में अपने

लक्ष्य की ओर आगे देखने की शक्ति थी। योजनाओं की रूपरेखा बनाना, उन्हें तैयार करना तथा उनका सृजन करना। अगर मैं उन सब में थोड़े से गुणों को भी अपने कार्यक्षेत्र में कार्यान्वित कर सकूँ या अपने जीवन में प्राप्त कर सकूँ तथा उनके सपनों को साकार कर सकूँ तो मैं स्वयं को भाग्यशाली मानूँगा।

□

विज्ञान में जीवन

सन् 1998 में भारत ने दूसरा परमाणु परीक्षण पोखरण में किया। मैं इसके विकास का एक महत्त्वपूर्ण हिस्सा था। मुझे विभिन्न सम्मान व उपाधियाँ दी गईं। कई वर्षों बाद तथा राष्ट्रपति के कार्यकाल के बाद भी एक उपाधि मेरे साथ रही—'मिसाइल मैन'। इस नाम से बुलाए जाने पर मुझे अच्छा लगता है। यह विज्ञान जगत् की शख्सियत की बजाय किसी बच्चे का कारनामा लगता था। इस देश की जनता ने कई बार मुझ पर अपार प्रेम और सम्मान की बारिश की है। मेरे लिए इंजीनियरिंग, रॉकेट और विज्ञान का क्षेत्र मेरी जीवन-यात्रा की चरम सीमा को प्रकट करता है। इस यात्रा का शुरुआती समय उस समय लौट आता है—जब मैं इतने पीछे की ओर जाकर सोचता हूँ। मैं अचंभित हो जाता हूँ कि क्या यह मेरे साथ हुआ? क्या यह किसी पुस्तक की एक कहानी है, जिसे मैंने पढ़ा है? ये सभी बातें मुझे एक ऐसा इनसान बनाने की ओर ले जाती हैं, जो वास्तव में विज्ञान का रास्ता चुनता है। जो उसे याद आ रहा है, वह नदी पर डेल्टा के छोर से की गई यात्रा है, जो दूर, बहुत दूर धारा के बहाव में मुझे अंत तक पहुँचाती है। जैसे मैं एक छोटा लड़का हूँ और अपने जीवन के रास्ते की खोज करने की कोशिश कर रहा हूँ।

मेरी शिक्षा सही मायनों में रामेश्वरम को छोड़कर उच्च शिक्षा

के लिए रामनाथपुरम जाने पर आरंभ हुई, जिसके विषय में मैंने पहले भी लिखा है। यह पहली बार हुआ था, जब मैं रामेश्वरम, अपनी माँ और अन्य जाने-पहचाने सुरभित घेरे से बाहर निकला था। मैं एक शरमीला व छोटा कस्बाई लड़का था, जो अधिक बोलने से डरता था। श्वार्ट्ज हाई स्कूल में मेरा पहली बार विज्ञान के अजूबे से सामना हुआ, जो मेरे दिमाग में उतर गया। इस स्कूल में एक अध्यापक आदरणीय इयदुराई सोलोमन थे, जो उदार व खुले विचारोंवाले थे और मेरी प्रतिभा से प्रभावित भी थे। वे मेरे मार्गदर्शक बने।

मैं आकाश में पक्षियों की उड़ान देख मोहित हो जाता था और घंटों तक उनके उड़ने के अंदाज को तथा आकाश मार्ग में आगे बढ़ते रहने को देखता रहता था। मुझमें छोटी सी उम्र में ही उड़ने और उन पक्षियों में से एक होने की इच्छा जन्म ले चुकी थी। एक दिन जब मैं उड़ान की भौतिकी पढ़ रहा था, तब आदरणीय इयदुराई सोलोमन हमारे विद्यार्थियों के समूह को समुद्र-तट पर ले गए।

मैं आकाश में पक्षियों की उड़ान देख मोहित हो जाता था और घंटों तक उनके उड़ने के अंदाज को तथा आकाश मार्ग में आगे बढ़ते रहने को देखता रहता था। मुझमें छोटी सी उम्र में ही उड़ने और उन पक्षियों में से एक होने की इच्छा जन्म ले चुकी थी। एक दिन जब मैं उड़ान की भौतिकी पढ़ रहा था, तब आदरणीय इयदुराई सोलोमन हमारे विद्यार्थियों के समूह को समुद्र-तट पर ले गए। वहाँ वे हमें पक्षियों की ओर ध्यान देने के लिए कहते हैं और समुद्र के किनारे खड़े हो जाते हैं, जहाँ लहरों के सारस और सीगलों का शोर सुनाई पड़ता है। वे समुद्री धाराओं, वायु

गतिकी वैमानिकी तथा वायु बहाव की नई दुनिया को हमारे सामने खोलते हैं। मैं उन पंद्रह वर्षीय विद्यार्थियों के समूह में से एक था, शायद तब उसके लिए वह विज्ञान का पाठ सबसे महत्त्वपूर्ण था। अचानक उस समय मेरा मोहित होनेवाला विषय पूरी तरह से स्पष्ट और पारदर्शक हो गया था। यह इस प्रकार था, मानो मैं बादल से घिरी एक खिड़की के पीछे देख रहा था! अब खिड़की खुल गई और मैं खुली आँखों से इस विशाल संसार को देखने लगा। मुझे अधिक जानकारी प्राप्त करने की प्यास लग रही थी।

मेरा मार्ग विद्यालय में ही बना और फिर बाद में सेंट जोसेफ कॉलेज, तिरुचिरापल्ली में। वहाँ कई प्रकार के सुनहरे अवसर मेरा इंतजार कर रहे थे। मैंने पहले ही सोच लिया था कि मुझे अपना दिमाग और आँखें खुली रखनी होंगी, अपने दिमाग को दुरुस्त व केंद्रित करना होगा। यहाँ मेरे रास्ते में कुछ भी ऐसा नहीं होगा, जिसे मैं सीखकर नहीं कर सकता। जब सेंट जोसेफ में प्रो. चिन्नादुरई और प्रो. कृष्णमूर्ति ने उप-परमाणु भौतिकी की संकल्पना बताई, तब मैंने पहली बार संसार के इस छुपे हुए विषय के बारे में और हमारे चारों ओर इसके क्षरण हो जाने पर सोचना आरंभ कर दिया। मैंने पदार्थों के

मेरा मार्ग विद्यालय में ही बना और फिर बाद में सेंट जोसेफ कॉलेज, तिरुचिरापल्ली में। वहाँ कई प्रकार के सुनहरे अवसर मेरा इंतजार कर रहे थे। मैंने पहले ही सोच लिया था कि मुझे अपना दिमाग और आँखें खुली रखनी होंगी, अपने दिमाग को दुरुस्त व केंद्रित करना होगा। यहाँ मेरे रास्ते में कुछ भी ऐसा नहीं होगा, जिसे मैं सीखकर नहीं कर सकता।

अर्ध जीवनकाल और रेडियोधर्मी क्षय के बारे में जाना और एकाएक संसार उन ठोस निश्चितताओं से परे नजर आने लगा, जिनसे वह बना हुआ था। मैं विज्ञान एवं आध्यात्मिकता के द्वैत भाव की ओर भी सोचने लगा। क्या यह सब एक-दूसरे से अलग थे, जैसे वे दिख रहे थे? अगर उप-परमाणु अंश का स्तर अस्थायी और विघटित हो जाता है, तब यह सब मानव जीवन की अवस्था से कैसे दूर किया जाता था? विज्ञान ही समस्त प्राकृतिक घटनाक्रम का उत्तर दे सकता है और यह आध्यात्मिकता ब्रह्मांड की समूची संरचना में हमारे स्थान को समझने में हमारी सहायता करती है। जब कोई व्यक्ति गणित और सूत्र के ठोस निश्चित स्वरूप को देखता है, यही आध्यात्मिकता अनुभूति से मन को उदार बनाकर एवं व्यक्ति के स्व के भीतर गहराई में उतरकर ऐसा करती है। यहाँ मुझे मेरी विज्ञान की दुनिया और पिताजी की अध्यात्म की दुनिया में समीपता नजर आने लगी थी।

जब कोई व्यक्ति गणित और सूत्र के ठोस निश्चित स्वरूप को देखता है, यही आध्यात्मिकता अनुभूति से मन को उदार बनाकर एवं व्यक्ति के स्व के भीतर गहराई में उतरकर ऐसा करती है। यहाँ मुझे मेरी विज्ञान की दुनिया और पिताजी की अध्यात्म की दुनिया में समीपता नजर आने लगी थी।

मैं तिरुचिरापल्ली से एरोनॉटिकल इंजीनियरिंग की पढ़ाई के लिए एम.आई.टी. (मद्रास प्रौद्योगिकी संस्थान) गया। यहाँ काम में न लाए जा रहे दो विमान रखे थे। यह दृश्य मानव उड़ान को लेकर मेरी इच्छा पूरी कर रहा था। मैं पतंगे की तरह इस विषय की ओर आकर्षित हुआ और महसूस किया कि यहाँ मेरा भविष्य या जीवन का लक्ष्य तब

तक पूरा नहीं हो सकता, जब तक मैं उड्डयन से जुड़ी गतिविधियों व प्रक्रियाओं की तह तक नहीं जाता। एम.आई.टी. में तीन शिक्षकों ने मेरी अभिलाषा को साकार किया और मुझे वास्तविकता के धरातल पर ले गए। इनमें ऑस्ट्रियाई प्रोफेसर स्पॉण्डर ने मुझे वायुगतिकी, प्रो. के.ए.वी. पंडालाई ने एयरो-स्ट्रक्चर डिजाइन और विश्लेषण तथा प्रो. नरसिंहा राव ने सैद्धांतिक वायुगतिकी का अध्ययन कराया।

ये तीन शिक्षक थे, जिनके कारण मुझमें वायुगतिकी के प्रति आकर्षण जाग्रत् हुआ और जब स्पष्ट होता गया कि कैसे और क्यों वायु में वस्तुएँ गतिमान होती हैं, मैं अपने आप में जटिल, गतिशील अस्थायी दुनिया, गति के प्रकार एवं उलझी लहरों के महाजाल की खोज में खो गया। ठीक इसी समय मुझे वायुयान के आकार-प्रकार स्पष्ट हुए और मैंने पूरे उत्साह से बाई प्लेन, एकतल वायुयान, पुच्छ-रहित विमान और कई अन्य अध्ययन के विषयों को पढ़ना शुरू कर दिया।

ये तीन शिक्षक थे, जिनके कारण मुझमें वायुगतिकी के प्रति आकर्षण जाग्रत् हुआ और जब स्पष्ट होता गया कि कैसे और क्यों वायु में वस्तुएँ गतिमान होती हैं, मैं अपने आप में जटिल, गतिशील अस्थायी दुनिया, गति के प्रकार एवं उलझी लहरों के महाजाल की खोज में खो गया।

यहाँ कई प्रकार की घटनाएँ घटित हुईं। जब मैं एम.आई.टी. में था, मैंने स्वयं विज्ञान की दुनिया की खोज शुरू कर दी। यह सब उस समय हुआ, जब देश की प्रगति में प्रधानमंत्री पं. जवाहरलाल नेहरू वैज्ञानिक विकास पर विशेष बल दे रहे थे। मेरे चारों ओर, खासतौर पर

शैक्षिक संस्थान में, मैंने यह पाया कि हमें सोचने के पारंपरिक तरीके को पीछे छोड़कर आगे बढ़ना होगा, इस नए वातावरण का लाभ उठाना होगा। उत्तम होगा कि हम वैज्ञानिक तरीकों से ज्ञान की खोज करें। मैं रामेश्वरम के धार्मिक वातावरण में पला-बढ़ा था, इसलिए मेरे लिए ऐसा करना बहुत कठिन था, बल्कि मैं विज्ञान और आध्यात्मिकता के बीच अनिवार्य अभिन्नता के सूक्ष्म एहसास को साकार रूप देने का प्रयास करने लगा। मैं यह नहीं मानता कि प्रत्यक्ष संवेदी धारणा ही केवल सच्चाई और ज्ञान स्रोत हैं। मैं यह जान पाया कि अध्यात्म के क्षेत्र में वास्तविक सच्चाई सांसारिक उपकरणों पर आधारित होती है और सच्चा ज्ञान अपनी आंतरिक खोज का अंश होता है। अब मैं अधिक-से-अधिक किसी अन्य प्रकार की दुनिया का हिस्सा बनता जा रहा था—जो प्रमाणों, प्रशिक्षण और सूत्रों से प्रभावित है।

आखिरकार मैं एम.आई.टी. (मद्रास प्रौद्योगिकी संस्थान) से इंजीनियरिंग की डिग्री के साथ बाहर निकला। अब तक मैंने मिसाइल और रॉकेट की दुनिया के बारे में बहुत अधिक जान लिया था और समझ गया था कि जिस दिशा में मैं जा रहा हूँ, यह मेरी प्रगति और भविष्य का हिस्सा है।

आखिरकार मैं एम.आई.टी. (मद्रास प्रौद्योगिकी संस्थान) से इंजीनियरिंग की डिग्री के साथ बाहर निकला। अब तक मैंने मिसाइल और रॉकेट की दुनिया के बारे में बहुत अधिक जान लिया था और समझ गया था कि जिस दिशा में मैं जा रहा हूँ, यह मेरी प्रगति और भविष्य का हिस्सा है। जब मैं यह सब जान गया तो इस संसार की खोज के लिए द्वार खुल गए और अब मैं आकाश में ऊँची उड़ान भरने का कार्य कर रहा था।

कई वर्षों बाद डी.टी.डी. एंड पी. (एयर) में मैं विभिन्न समूहों का हिस्सा बन गया। यह हॉट कॉकपिट क्षेत्र कहलाता था, जहाँ प्लेटफॉर्म से जाने और सीधा उतरने की प्रणाली एवं रूपरेखा तैयार की जाती थी। यह सब बंगलौर के 'एरोनॉटिकल डेवलपमेंट एस्टेब्लिशमेंट' (ए.डी.ई.) में होता था। वहाँ मैंने अनुभव किया कि मुझे कुछ हटकर करने का पहला बड़ा अवसर मिला है। यह मेरे कॅरियर को उन्नत व विकसित करने का महत्त्वपूर्ण समय है। ए.डी.ई. में मैंने प्रारंभिक अध्ययन 'भूमिगत दक्षता सामग्री' पर किया। इस प्रकार एक स्वदेशी हॉवर क्राफ्ट प्रोटोटाइप आवर्ती ग्राउंड इक्यूपमेंट मशीन (जी.ई.एम.) के रूप में डिजाइन करके तैयार करना था। ए.डी.ई. के निदेशक डॉ. मेदीरत्ता ने चार लोगों की एक टीम बनाई और मुझे उसका प्रमुख बनाया गया।

कई वर्षों बाद डी.टी.डी. एंड पी. (एयर) में मैं विभिन्न समूहों का हिस्सा बन गया। यह हॉट कॉकपिट क्षेत्र कहलाता था, जहाँ प्लेटफॉर्म से जाने और सीधा उतरने की प्रणाली एवं रूपरेखा तैयार की जाती थी। यह सब बंगलौर के 'एरोनॉटिकल डेवलपमेंट एस्टेब्लिशमेंट' (ए.डी.ई.) में होता था।

यह हमारे लिए एक भारी चुनौती थी। इस प्रकार की प्रौद्योगिकी के लिए कोई साहित्य नहीं था, कोई अनुभवी व्यक्ति नहीं था, जिससे हम सलाह ले सकते थे। इसके लिए कोई पहले से निर्मित रूपरेखा या मानक नहीं था, जिसका हम प्रयोग कर सकते; बल्कि इस कार्य के लिए हमारे समूह को आगे बढ़ने के लिए ऐसा कुछ भी नहीं था, केवल इस जानकारी के अलावा कि हमें सफल फ्लाइंग मशीन बनानी है। यह स्तंभित करनेवाली चुनौती थी। तब मैंने

सोचा कि इंजीनियरों ने जब तक मशीन नहीं बनाई, उन्हें अकेले विमान उड़ाने की अनुमति कैसे दी जा सकती है? परियोजना को पूरा करने के लिए हमें तीन वर्ष दिए गए और हमने पहले के कई महीने अपने कदम जमाने की कोशिश में ही लगा दिए। तब मैंने एक लक्ष्य तय किया कि हमें सिर्फ उपयुक्त हार्डवेयर के साथ आगे बढ़ने की आवश्यकता है और जैसे-जैसे वे सामने आते जाएँ, उनका प्रयोग किया जाए। इस बड़ी चुनौती के बावजूद यह परियोजना मेरे मन के करीब थी और मेरी कल्पना ऊँची उड़ान भर रही थी। कई महीनों के बाद हमने रूपरेखा की प्रक्रिया के विकास में गति पकड़ ली।

अब मैं अधिक दृढ़ निश्चयी एवं आत्मविश्वास से परिपूर्ण था, लेकिन छोटे कस्बे की मध्यम वर्ग की जड़ें अभी भी मेरी आत्मा में बसी थीं। मैं ऐसी दुनिया में आ गया था, जहाँ दूसरों को कार्य करने का निर्देश देना था; जबकि मुझे वरिष्ठ सहयोगियों के सवाल और शंकाओं का भी सामना करना था।

अब मैं अधिक दृढ़ निश्चयी एवं आत्मविश्वास से परिपूर्ण था, लेकिन छोटे कस्बे की मध्यम वर्ग की जड़ें अभी भी मेरी आत्मा में बसी थीं। मैं ऐसी दुनिया में आ गया था, जहाँ दूसरों को कार्य करने का निर्देश देना था; जबकि मुझे वरिष्ठ सहयोगियों के सवाल और शंकाओं का भी सामना करना था। मुझपर ऐसा प्रभाव पड़ रहा था, मानो लोहे को आग में तपाया जा रहा हो! मेरे जैसे लोग आंतरिक दृष्टि से संकोची होते हैं, जो शहरी साथियों से अलग पृष्ठभूमि से आते हैं। वे तब तक सामने नहीं आना चाहते, जब तक कोई उन्हें केंद्र-बिंदु की ओर धकेलता नहीं है। मैं समझ गया था कि मुझे वह 'पुश' मिल चुका है

और मैं हॉवर क्राफ्ट परियोजना की सफलता के लिए अपना ज्ञान व श्रम लगाने के लिए कृत संकल्प हो चुका था। संगठन के भीतर ऐसे अनेक व्यक्ति थे, जो इस परियोजना की प्रासंगिकता तथा इस पर समय तथा धन लगाने के औचित्य पर प्रश्न उठाते थे। वे मेरी भूमिका पर सवाल उठा रहे थे, लेकिन मेरी टीम और मैं केवल अपने सिर नीचे किए चुपचाप काम करते रहे। हम धीरे-धीरे हर अवस्था से गुजरते गए और प्रोटोटाइप आकार लेने लगा, जैसे कि पहले एम.आई.टी. में प्रो. श्रीनिवासन ने मेरा डिजाइन कार्य रद्द कर दिया था और मैं लगातार दो रात कार्य करता रहा था, मैं पुनः उसी स्थिति में आ चुका था। मेरा मन अविश्वसनीय रूप से लचीला हो गया था। जब मेरा मन-मस्तिष्क खुलता था, तो कोई बाधा आड़े नहीं आ सकती थी। खुद पर विश्वास ऐसी परिणति है, जिसे आपसे कोई नहीं छीन सकता।

इस परियोजना को 'नंदी' नाम दिया गया और रक्षा मंत्री वी.के. कृष्ण मेनन ने हमें आशीर्वाद दिया। वह दृढ़ विश्वास रखते थे कि यह भारत में रक्षा उपकरणों के विकास की शुरुआत है। वे उत्कंठा से हमारे कार्य को देख रहे थे और एक वर्ष के बाद वे हमारी कार्य-प्रगति का परीक्षण कर रहे थे।

इस परियोजना को 'नंदी' नाम दिया गया और रक्षा मंत्री वी.के. कृष्ण मेनन ने हमें आशीर्वाद दिया। वह दृढ़ विश्वास रखते थे कि यह भारत में रक्षा उपकरणों के विकास की शुरुआत है। वे उत्कंठा से हमारे कार्य को देख रहे थे और एक वर्ष के बाद वे हमारी कार्य-प्रगति का परीक्षण कर रहे थे। उस समय डॉ. मेदीरत्ता से उन्होंने कहा, "कलाम और उसकी टीम को कामयाबी अवश्य मिलेगी।"

हम सचमुच कामयाब हो गए थे। तीन वर्ष बीतने से पहले ही हमने पूरी तरह से कार्यशील प्रोटोटाइप तैयार कर लिया था और हम मंत्रीजी को दिखाने के लिए तैयार थे। कृष्ण मेनन 'नंदी' से उड़ान भर रहे थे और मैं उसे उड़ा रहा था। हालाँकि सतर्कता की दृष्टि से कुछ और ही व्यवस्था आवश्यक थी और मैंने पहली बार आनंद एवं कुछ करने की अनुभूति महसूस की। यह हमारे ज्ञान और टीम-वर्क का फल था। इस देश में पहली बार ऐसा हुआ। दुर्भाग्यवश, 'नंदी' की कहानी सुखांत नहीं रही। जब कृष्ण मेनन अपने पद पर नहीं थे, तब उनके उत्तराधिकारियों ने इस हॉवर क्राफ्ट के उपयोग से ज्यादा उम्मीद नहीं लगाई। वह विवादास्पद विषय बन गया और अंततः वह परियोजना बंद हो गई। यदि इस धरती पर कोई मुझे उतारता तथा दिखाता कि कभी-कभी आकाश ही हमारी सबसे ऊपरी सीमा नहीं होती है तो यह कटु सबक मिलता कि अकसर आपसे भी ज्यादा बड़ी ताकत होती है, जो आपके काम को अंजाम देती है। मुझे अन्य सबक यह मिला कि कुछ क्षेत्रों को मैं प्रभावित नहीं कर सकता, परंतु मैं निश्चित रूप से भरसक प्रयास करता और अपनी पूरी क्षमता से करता। और कौन जानता है कि हमारे कार्यक्रम का क्या फल मिलेगा? मैं अभी भी

हम सचमुच कामयाब हो गए थे। तीन वर्ष बीतने से पहले ही हमने पूरी तरह से कार्यशील प्रोटोटाइप तैयार कर लिया था और हम मंत्रीजी को दिखाने के लिए तैयार थे। कृष्ण मेनन 'नंदी' से उड़ान भर रहे थे और मैं उसे उड़ा रहा था। हालाँकि सतर्कता की दृष्टि से कुछ और ही व्यवस्था आवश्यक थी और मैंने पहली बार आनंद एवं कुछ करने की अनुभूति महसूस की।

'नंदी' की निराशा से उबरने का प्रयास कर रहा था। घटनाक्रम के परिणामस्वरूप 'TIFR' (Tata Institute of Fundamental Reaserch) के प्रो. एम.जी.के. मेनन इसे देखने आए तथा इसके बारे में सवाल पूछे। अंततः मैं रॉकेट इंजीनियर के रूप में 'इन्कोस्पार' (INCOSPAR) में काम करने लगा और मुझे डॉ. विक्रम साराभाई के मार्गदर्शन में काम करना था।

'इन्कोस्पार' (INCOSPAR) के बाद मैं 'इसरो' (ISRO) में गया। वहाँ मुझे विभिन्न प्रकार के रॉकेट के विकास का कार्य सौंपा गया था और मुझे अंतरिक्ष वाहन को एक रॉकेट से दूसरे रॉकेट के चारों ओर की दूरी की पहुँच तक उपग्रह के वाहन को पहुँचाने का कार्य दिया गया। वे डॉ. साराभाई ही थे, जिनकी देख-रेख में भारत के अंतरिक्ष कार्यक्रम के विकास और विभिन्न विकासात्मक कार्य साथ-साथ हो रहे थे। मैं सौभाग्यशाली था, जो इस परियोजना का हिस्सा बना। मैं मानता था कि एस.एल.वी. में बहुत जटिल चुनौती सामने आई थी। मैं उपग्रहों को कक्षा में भेजनेवाले लॉञ्च व्हीकल के विकास की बड़ी परियोजना को निर्देशित कर रहा था। इससे हम

'इन्कोस्पार' (INCOSPAR) के बाद मैं 'इसरो' (ISRO) में गया। वहाँ मुझे विभिन्न प्रकार के रॉकेट के विकास का कार्य सौंपा गया था और मुझे अंतरिक्ष वाहन को एक रॉकेट से दूसरे रॉकेट के चारों ओर की दूरी की पहुँच तक उपग्रह के वाहन को पहुँचाने का कार्य दिया गया। वे डॉ. साराभाई ही थे, जिनकी देख-रेख में भारत के अंतरिक्ष कार्यक्रम के विकास और विभिन्न विकासात्मक कार्य साथ-साथ हो रहे थे।

न केवल इस प्रौद्योगिकीवाले देश बन जाते बल्कि दूसरे देशों के उपग्रहों को कक्षा में स्थापित करके धन भी कमा सकते थे।

मैंने अपनी पुस्तक 'विंग्स ऑफ फायर' में एस.एल.वी. की निर्माण यात्रा का विश्लेषण किया है। यह कई कारणों से अत्यधिक जटिल यात्रा थी। जब एक परियोजना विकसित होती है, तब लगातार कठिनाइयाँ आती हैं। हम एक बजट देते थे—समय और स्रोत दोनों रूपों से। यह हमारी जिम्मेदारी होती थी कि हमें इसी बजट में अपने परिणाम हासिल करने हैं। यह मेरे लिए एक तनाव का समय था। अंतरिक्ष कार्यक्रम के तीन वर्षों में, मैंने अपने तीन प्रिय व्यक्तियों—अहमद जलालुद्दीन, अपने पिताजी व अपनी माताजी को खो दिया था। लेकिन यह समय स्वयं को पूरी तरह से काम में डुबो देने का था और मुझे परिणाम पर ध्यान केंद्रित करना था। मुझे परियोजना को सफलता तक लाना था।

मैंने अपनी पुस्तक 'विंग्स ऑफ फायर' में एस.एल.वी. की निर्माण यात्रा का विश्लेषण किया है। यह कई कारणों से अत्यधिक जटिल यात्रा थी। जब एक परियोजना विकसित होती है, तब लगातार कठिनाइयाँ आती हैं। हम एक बजट देते थे—समय और स्रोत दोनों रूपों से। यह हमारी जिम्मेदारी होती थी कि हमें इसी बजट में अपने परिणाम हासिल करने हैं।

अगर मैं आज पूछता हूँ कि सबसे बड़ी सीख क्या थी, जो मैंने एस.एल.वी. के विकास से सीखी है, तो मैं कहूँगा कि यहाँ तीन कारण हैं—पहला, जब मुझे देश के विकास में विज्ञान, तकनीकी खोज और इंजीनियरिंग की भूमिका नजर आती थी। एस.एल.वी. पर वैज्ञानिकों,

शोधकर्ताओं और इंजीनियरों के कई दल कार्यरत थे। एक टीम लीडर के रूप में मेरा कार्य रेखाओं को बनाना और निर्देशन देने जैसा था। मैंने सीखा कि विज्ञान असीमित तथा गवेषणात्मक है। इसमें उत्तर ढूँढ़ना यात्रा कर रहे यात्री के समान है, इसमें यात्रा करते हुए सबका विश्लेषण करके एक दिन सब संभव हो जाएगा। विज्ञान एक आनंद और जुनून है। दूसरी ओर विकास एक बंद फंदा है। यह वैज्ञानिकों द्वारा किया गया कार्य है और यह कुछ कदम आगे की ओर ले जाता है। यह गलतियों की अनुमति नहीं देता। सुधार और प्रोन्नति में गलतियों से सीखता है। तब जहाँ वैज्ञानिक हमें राह दिखाता है और संभावनाओं को खोलता है, हम स्वदेशी लॉञ्च व्हीकल के विकास में सफल होते हैं। एक परियोजना की सफलता व्यावहारिक होती है। यह जरूरी होता है कि सभी भागों को आगे-पीछे और केंद्रित करके ऑरकेस्ट्रा के समान कार्य किया जाए।

सुधार और प्रोन्नति में गलतियों से सीखता है। तब जहाँ वैज्ञानिक हमें राह दिखाता है और संभावनाओं को खोलता है, हम स्वदेशी लॉञ्च व्हीकल के विकास में सफल होते हैं। एक परियोजना की सफलता व्यावहारिक होती है। यह जरूरी होता है कि सभी भागों को आगे-पीछे और केंद्रित करके ऑरकेस्ट्रा के समान कार्य किया जाए।

दूसरा सबक मुझे यह मिला कि प्रतिबद्धता के साथ काम करना। उन दिनों, जब मैं परियोजना के अलावा अपने आप में कुछ अन्य सोच रहा था, यहाँ मेरी तरह अन्य भी थे, जो कड़ी मेहनत में वही विश्वास और उत्साह रखते थे। अब मेरे लिए कभी भी यह नहीं

कहा जा सकता कि बुद्धिमानी के शब्द अधिक मूल्यवान् हैं, जिसे वेर्नहर वॉन ब्राउन द्वारा कहा गया। रॉकेट के क्षेत्र में वॉन ने वी-2 मिसाइल तैयार की, जिसने द्वितीय विश्व युद्ध के समय लंदन का विनाश किया था। बाद में उन्होंने नासा (NASA) के रॉकेट कार्यक्रम में प्रवेश किया, जहाँ वे जुपिटर मिसाइल बनाते थे, जो पहली लंबी दूरी की मिसाइल थी। वे वैज्ञानिक, डिजाइनर, इंजीनियर, प्रशासक और एक प्रौद्योगिकी प्रबंधक थे। वे 'आधुनिक रॉकेट की दुनिया के जनक' माने जाते थे। जब वे भारत आए, मुझे उनके साथ उस समय उड़ान भरने का सौभाग्य प्राप्त हुआ, जब मैं उन्हें लेने चेन्नई गया और थुंबा तक साथ रहा। वे मुझसे कहते थे कि कार्य की प्रकृति की गहराई दिमाग में स्थिर है—"तुम्हें हमेशा यह याद रखना चाहिए कि हमें सिर्फ सफलता के लिए ही निर्माण नहीं करना है, हमें असफलता पर भी कार्य करना है।" वैज्ञानिक के पेशे के लिए बहुत कड़ी मेहनत और समर्पण की आवश्यकता होती है। वे कहते हैं, "रॉकेट के क्षेत्र में कड़ी मेहनत ही काफी नहीं है। यह एक खेल नहीं है, जहाँ हम सिर्फ कुछ घंटों में ही कड़ी मेहनत ले आएँ। यहाँ तुम्हारे पास सिर्फ एक लक्ष्य नहीं है, बल्कि तुम्हें जल्द-से-जल्द अपना लक्ष्य प्राप्त करने के लिए सही नीति की आवश्यकता है।"

रॉकेट के क्षेत्र में कड़ी मेहनत ही काफी नहीं है। यह एक खेल नहीं है, जहाँ हम सिर्फ कुछ घंटों में ही कड़ी मेहनत ले आएँ। यहाँ तुम्हारे पास सिर्फ एक लक्ष्य नहीं है, बल्कि तुम्हें जल्द-से-जल्द अपना लक्ष्य प्राप्त करने के लिए सही नीति की आवश्यकता है।

"पूर्ण प्रतिबद्धता ही कड़ी मेहनत नहीं है। इसमें पूर्ण रूप से सक्रिय होना भी है। यह लक्ष्य की पृष्ठभूमि के विषय में है। आपके सामने लक्ष्य होना चाहिए कि आप कड़ी मेहनत की बदौलत परिणाम से कुछ अलग बना सकें।" मैंने इन शब्दों में विश्वास करने के साथ-साथ इन्हें अपनाया भी—"रॉकेटरी को अपना पेशा नहीं बनाना है, अपना लक्ष्य व धर्म बनाना है।" जीवन के इस क्षण में मैंने एस.एल.वी. की परियोजना के अलावा सबकुछ रोक दिया था। मैंने तनाव पर काबू पाना सीख लिया था। यही एक रास्ता था, जिसके द्वारा आपका मन-मस्तिष्क उन मुश्किलों को झेल सकता था, जो आपके लक्ष्य के रास्ते में बिखरी होती हैं, जिस पर परिणाम निर्धारित होता है। मेरा विश्वास था कि हमें ऐसी मुश्किलों की आवश्यकता है, जिनसे किसी भी लक्ष्य के आखिरी मोड़ पर सफलता का आनंद लिया जा सके।

> ***जीवन के इस क्षण में मैंने एस.एल.वी. की परियोजना के अलावा सबकुछ रोक दिया था। मैंने तनाव पर काबू पाना सीख लिया था। यही एक रास्ता था, जिसके द्वारा आपका मन-मस्तिष्क उन मुश्किलों को झेल सकता था, जो आपके लक्ष्य के रास्ते में बिखरी होती हैं, जिस पर परिणाम निर्धारित होता है।***

यह एस.एल.वी. परियोजना मुझे तीसरे सबक की ओर ले जाती है, जो हमें बाधाओं के साथ संबंध स्थापित करने और सीखने योग्य बनाती है। यह ज्ञात तथ्य है कि एस.एल.वी.-3 का पहला प्रायोगिक परीक्षण एक दुर्घटना में परिणत हो गया था और लॉन्च व्हीकल समुद्र में गिर गया था। पहला चरण पूर्ण सफल रहा था। यह दूसरी अवस्था थी,

जब चीजें नियंत्रण के बाहर चली गई थीं। यह उड़ान 317 सेकंड के बाद समाप्त हो गई थी। पेलोड के साथ चौथी अवस्था को मिलाकर, व्हीकल समुद्र में टकराने के बाद बिखरकर श्रीहरिकोटा में 560 किलोमीटर तक चला गया था।

मैं घटना के बदलावों पर विश्वास करके सुन्न रह गया था। हाँ, मैंने असफलता का अनुभव किया, परंतु यह कड़ी मेहनत का दु:खांत होने वाला था, जिससे उबरना मुश्किल था। मेरे दिमाग में विचारों की घुमड़ती शृंखला के लिए कोई जवाब नहीं था—क्या गलत हो रहा था? मेरी शारीरिक शक्ति क्षीण हो रही थी, जैसे मैं तनाव के साथ बाहर आ रहा था और अब यहाँ कुछ भी अपने लिए कहने को नहीं था या मेरे चारों ओर के किसी अनुभव से शून्य होना। आखिरकार मेरे सारे विचार सो गए थे। 'मुझे विश्लेषण की राह पर जाने से पहले सोना होगा—मैंने अपने आपसे कहा। मुझे याद है, मैं कई घंटों तक सोया और डॉ. ब्रह्मप्रकाश ने मुझे धीरे से उठाया। वे मेरे बॉस थे, लेकिन उस समय वे मेरे लिए सिर्फ आदरणीय व्यक्ति थे, जो मेरी चिंता करते थे। वे मुझे उठाते थे और भोजनालय में जाकर भोजन करने में सहयोग देते थे। हम साथ-साथ खाना खाते थे और लॉञ्चिंग करने के बारे में पूरे समय वे मुझे तसल्ली देते रहते थे। उस समय सिर्फ हम दो व्यक्ति थे और थकान से परे हमें विश्वास

मैं घटना के बदलावों पर विश्वास करके सुन्न रह गया था। हाँ, मैंने असफलता का अनुभव किया, परंतु यह कड़ी मेहनत का दु:खांत होने वाला था, जिससे उबरना मुश्किल था। मेरे दिमाग में विचारों की घुमड़ती शृंखला के लिए कोई जवाब नहीं था—क्या गलत हो रहा था?

था कि हमारी रचना खराब नहीं होगी। हम जानते थे कि हमें अधिक पहाड़ों पर चढ़ना होगा और आनेवाले दिनों में चोटी को जीतना होगा; लेकिन ठीक उसी समय वे मुझे अपने पंखों की आड़ में ले लेते थे, जैसे कोई अभिभावक उस बच्चे के साथ करते हैं, जो अपनी दौड़ में रह जाने के बाद कुछ खो देता है—उसे खाना देते हैं, आराम देते हैं और उसके अगले कदम के बारे में सोचने का अवसर देते हैं।

शायद यह बहुत ही महत्त्वपूर्ण सीख है, जो मैंने एस.एल.वी.-3 से सीखी कि मानवता, उदारता और समझदारी के गुण कभी भी गिरने नहीं देते हैं। दिन के अंत में, जब लक्ष्य निर्धारित हो गया तब राह टेढ़ी-मेढ़ी और बाधा सिर पर थी। यह सिर्फ मानवता का मूल्य है कि सच्ची सहायता निश्चित प्राप्त होगी।

शायद यह बहुत ही महत्त्वपूर्ण सीख है, जो मैंने एस.एल.वी.-3 से सीखी कि मानवता, उदारता और समझदारी के गुण कभी भी गिरने नहीं देते हैं। दिन के अंत में, जब लक्ष्य निर्धारित हो गया तब राह टेढ़ी-मेढ़ी और बाधा सिर पर थी। यह सिर्फ मानवता का मूल्य है कि सच्ची सहायता निश्चित प्राप्त होगी। समय आने पर योग्यता, स्नेह, क्षमा, दया सबकी आवश्यकता पड़ती है, चाहे हमें स्कूल में पढ़ाना हो या मिसाइल का विकास करना हो या उच्च पद को सँभालना हो। अभिभावकों को अपने बच्चों को हमारे इस उलझे हुए संसार से बाहर लाना होगा। यहाँ से मेरी यात्रा विज्ञान के संसार में आगे चली जाती है—इसरो से मैं डी.आर.डी.ओ. की ओर मुड़ा, जहाँ मैं एक समूह का हिस्सा था, जो भारत के पहले स्वदेशी मिसाइल सिस्टम—पृथ्वी, त्रिशूल, नाग और अग्नि बना

रहा था। वे कैसे बनते थे और किस तरीके से वे हमें इस कार्य पर ले जाते थे, इसका इतिहास पहले भी लिखा जा चुका है। जब हम कार्य कर रहे थे, मैं न सिर्फ रॉकेटरी और विज्ञान के क्षेत्र के बारे में नए ज्ञान को समझता व तुलना करता था, बल्कि मैं परिवर्तन करना, प्रभावी तरह से निर्देश देना, संप्रेषण का अनुभव करता था। इसके साथ ही रुकावट और सफलता दोनों के अनुभव का भी आनंद उठाता था।

मुझे ये कहानियाँ बताने की आवश्यकता क्यों है? शायद मैं यह महसूस करता हूँ कि विषय के विविध स्तर पर जिन लोगों के साथ मैं संबंध रखता हूँ, मैं जीवन के हर पहलू का हमेशा सामना करता था, जो विस्मयकारी था। मैं उनके द्वारा कार्य करता था। मेरा ऐसा मानना है कि मैं जीवन की लहर में एक समान परिस्थिति को समझने में सबकी मदद कर सकता हूँ।

मुझे ये कहानियाँ बताने की आवश्यकता क्यों है? शायद मैं यह महसूस करता हूँ कि विषय के विविध स्तर पर जिन लोगों के साथ मैं संबंध रखता हूँ, मैं जीवन के हर पहलू का हमेशा सामना करता था, जो विस्मयकारी था। मैं उनके द्वारा कार्य करता था। मेरा ऐसा मानना है कि मैं जीवन की लहर में एक समान परिस्थिति को समझने में सबकी मदद कर सकता हूँ। तब मैं यह विश्वास करूँगा कि मेरी यह यात्रा सिर्फ मेरे जीवन के लिए ही नहीं, बल्कि अन्य सभी अनगिनत लोगों के लिए भी है—

इस धरती पर
मैं
विशाल कुआँ,

मेरी जगत पर
खड़े होकर
न जाने कितने
बाल गोपाल
शांत जल सी
दिव्यता
मुझमें से
खींचते हैं,
विश्व के
कण-कण
को
अनंत
करुणा से
सींचते हैं।

□

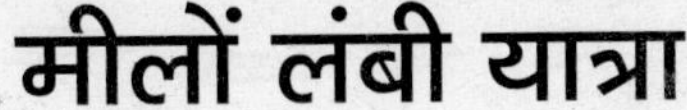

मीलों लंबी यात्रा

कहानियों का यह सागर, जो कि कुछ चित्रों की तरह मेरे दिमाग में बसा हुआ है, जिसमें विभिन्न घटनाओं एवं विभिन्न व्यक्तियों ने जीवन के विभिन्न पलों में मेरा साथ दिया, जिनका आज भी मेरे जीवन पर गहरा असर पड़ा है। यह कहना अतिशयोक्ति न होगा कि अगर कोई अपने जीवन की यादों को सँजोकर रखता है, उन्हें याद करता है। अगर वह व्यस्त जीवन से संबंधित हो तो उसमें सैकड़ों यादें जुड़ जाती हैं। मेरे दिमाग में, मेरे जीवन में घटनेवाली यादें, चाहे वे वैज्ञानिक सलाहकार के रूप में हों, मेरे सेवानिवृत्त समय की हों, भारत द्वारा दूसरे परमाणु परीक्षण की हो, मेरी सेवानिवृत्ति या फिर शिक्षा-क्षेत्र से जुड़ी हों या फिर भारत के राष्ट्रपति के रूप में मेरे अनुभव हों। इन सबसे जुड़ी अनेक कथाएँ व कहानियाँ, जो मेरे लिए अनेक चुनौतियों का सामना करने से जुड़ी थीं और इस जीवन से मैंने बहुत कुछ सीखा था।

जितना मैं आगे बढ़ता गया, मेरे जीवन में मीडिया की चमक बढ़ती रही, 'अग्नि' एवं उससे जुड़ी घटनाएँ मुझे मीडिया के नजदीक ले आईं। अपनी प्रारंभिक घटनाओं से इन परिस्थितियों में मैंने उचित निर्णय तथा समस्याओं का निवारण करना सीखा था। मेरी प्राथमिकताओं में बदलाव आ रहा था। पहले मैं कार्य करने तथा उन्हें कार्यान्वित करने

के लिए सोचता था, अब मैं नए विषयों के बारे में सोचने, लेख लिखने तथा लोगों से संपर्क बनाने के क्षेत्र में आ गया था, जिससे समाज में परिस्थितियों से ठीक तरह से सीखा जा सके। इस तरह वर्षों के बदलने के साथ ही मेरी रुचि अधिक-से-अधिक देश के युवकों से संबंध स्थापित करने में हो गई थी। मैंने इस दौरान विभिन्न पुस्तकों की रचना की, जिसमें मुझे काफी सफलता मिली। शायद पाठक इन पुस्तकों को मिशन के वक्तव्य के रूप में भी देखते थे, जिसका सपना मैंने '2020 में भारत के विकास' के रूप में देखा था, उसकी पूर्ति के लिए कार्य किया जा रहा था, जो भारत की साफ छवि पेश करता था। इस संदर्भ में मेरी पुस्तकों— 'इंडिया विजन-2020', 'अग्नि की उड़ान', 'तेजस्वी मन' तथा मेरी कुछ और रचनाओं ने लोगों की इच्छाओं को पूरा किया तथा लोगों में नया उत्साह भरा, जिसका देश के पाठकों ने स्वागत किया था।

> ***जब मैं भारत के उज्ज्वल भविष्य का सपना देख रहा था, उस संबंध में विभिन्न विचारों द्वारा देश की जनता से अपने लेखों, भाषणों व पुस्तकों से जुड़ गया था। मैं सूचना के अन्य विभिन्न स्रोतों से भी संबंध स्थापित कर चुका था। 'इंडिया विजन-2020' से संबंधित मेरी अनेक योजनाएँ थीं। मुझे 'प्रौद्योगिकी सूचना, पूर्वानुमान एवं आकलन परिषद्' (टी.आई.एफ.ए.सी.) का अध्यक्ष बनाया गया।***

जब मैं भारत के उज्ज्वल भविष्य का सपना देख रहा था, उस संबंध में विभिन्न विचारों द्वारा देश की जनता से अपने लेखों, भाषणों व पुस्तकों से जुड़ गया था। मैं सूचना के अन्य विभिन्न स्रोतों से भी

संबंध स्थापित कर चुका था। 'इंडिया विजन-2020' से संबंधित मेरी अनेक योजनाएँ थीं। मुझे 'प्रौद्योगिकी सूचना, पूर्वानुमान एवं आकलन परिषद्' (टी.आई.एफ.ए.सी.) का अध्यक्ष बनाया गया। इस परिषद् की पहली ही मीटिंग में यह तय किया गया कि '2020 इंडिया विजन' को हासिल करने के लिए ऐसी योजना तैयार की जाए कि भारत को वर्ष 2020 तक आर्थिक दृष्टि से समृद्ध देश बनाया जा सके। उस समय जबकि जी.डी.पी. 5 से 6 प्रतिशत पर कायम थी, हमें इस वृद्धि को 10 प्रतिशत प्रतिवर्ष तक लगभग 10 वर्ष तक बनाकर रखना था, यदि करोड़ों लोगों के विकास के सपनों को प्राप्त करना था। इस भावना से हममें उत्साह आ गया। हमने इस विषय पर लगातार बहस की तथा निर्णय लिया कि इस कार्य के लिए 17 कार्य दलों का गठन किया जाए, जिसके 500 के करीब सदस्य बनाए गए थे, जिनका कार्य देश के 5,000 विभिन्न वर्गों के व्यक्तियों से मुलाकात करना था। इन समितियों ने दो वर्ष तक कार्य किया तथा इस कालावधि में 25 रिपोर्टें बनाकर तत्कालीन प्रधानमंत्री को 2 अगस्त, 1996 को सौंपी। यह अपने आप में एक अद्वितीय उदाहरण था कि किस तरह से विभिन्न संगठन और विभाग मिलकर देश के विकास में कार्यरत हो सकते हैं। टी.आई.एफ.ए.सी. के कार्य में जुड़े होने पर मैंने

हमने इस विषय पर लगातार बहस की तथा निर्णय लिया कि इस कार्य के लिए 17 कार्य दलों का गठन किया जाए, जिसके 500 के करीब सदस्य बनाए गए थे, जिनका कार्य देश के 5,000 विभिन्न वर्गों के व्यक्तियों से मुलाकात करना था। इन समितियों ने दो वर्ष तक कार्य किया तथा इस कालावधि में 25 रिपोर्टें बनाकर तत्कालीन प्रधानमंत्री को 2 अगस्त, 1996 को सौंपी।

सूचना प्रौद्योगिकी तथा कृषि में भी योगदान दिया। इन क्षेत्रों में कार्य करने का जुनून पैदा हो गया था। मैंने देश के विभिन्न भागों का भ्रमण करके देश के विद्यार्थियों, शिक्षकों, अधिकारियों तथा कार्मिकों से मुलाकात कर उनसे उनके विचार जानने चाहे। मैं समझ गया था कि इस विजन पर कार्य करने का यह प्रथम भाग था। जब हम इस मिशन की चर्चा करेंगे, इसके बारे में जानकारी देंगे तथा इस विषय पर बहस करेंगे, तभी इस विजन को जीवन मिलेगा। मैं जहाँ भी जाता, लोगों से इस बारे में बातें करके भारत को सूचना के क्षेत्र से पूरी तरह अवगत कराना चाहता था। वह देश, जहाँ की जनता सूचना के आधार पर सभी विषयों से अवगत हो सके, इन सबके साथ-ही-साथ देश में आध्यात्मिक विकास भी संभव हो जाए।

मेरा राष्ट्रपति का कार्यकाल वर्ष 2002 से 2007 तक रहा। मैं जब अपने इस अनुभव को स्मरण करने का प्रयास करता हूँ, मुझे इस विशाल देश के स्वरूप तथा अनेक पहलुओं का ज्ञान होता है। मुझे मीडिया से लोगों के 'जनता के राष्ट्रपति' के रूप में पहचान मिली, जिसे देश के विभिन्न भागों में माना जाने लगा था।

मेरा राष्ट्रपति का कार्यकाल वर्ष 2002 से 2007 तक रहा। मैं जब अपने इस अनुभव को स्मरण करने का प्रयास करता हूँ, मुझे इस विशाल देश के स्वरूप तथा अनेक पहलुओं का ज्ञान होता है। मुझे मीडिया से लोगों के 'जनता के राष्ट्रपति' के रूप में पहचान मिली, जिसे देश के विभिन्न भागों में माना जाने लगा था। मुझे इस नाम से प्रचलित होने में बहुत खुशी मिलती है। जब मैंने अपना कार्यकाल शुरू किया था, मैं पूर्णतः आश्वस्त था कि मुझे इस महान् देश को पूरी तरह से जानने के

लिए विभिन्न क्षेत्रों का दौरा करना है। मैं देश के विभिन्न भागों के लोगों का जीवन स्तर, उनके जीने का ढंग और वातावरण के बारे में जानना चाहता था। उसके लिए यह आवश्यक था कि विभिन्न भागों की यात्रा की जाए। मैं लोगों की समस्याओं से अवगत होना चाहता था; उन विधियों के बारे में जानना चाहता था, जिससे उनकी समस्याओं का निवारण हो सके। मैंने शायद इस पद पर आसीन रहते हुए अपने पूर्व के साथियों से ज्यादा देश के विभिन्न भागों का दौरा किया था। मैंने सियाचिन की घाटियों से उत्तर-पूर्वी शहरों का भ्रमण किया और उनकी विभिन्न समस्याओं एवं उनके पूरे जीवन से अवगत हुआ था। इसी तरह पश्चिमी छोर से दक्षिण के अंदरूनी भागों में घूमकर आया था तथा विभिन्न वर्गों के लोगों से मिला था। मैंने लगभग सारे देश का ही भ्रमण किया, केवल लक्षद्वीप के भाग का दौरा नहीं किया था (जिसका खेद मेरे मस्तिष्क में हर समय रहेगा)। मैंने इन प्रदेशों का दौरा करने के लिए सड़क मार्ग, रेल तथा हवाई जहाज आदि का सहारा लिया। राष्ट्रपति की पुरानी रेलगाड़ी को आधुनिक बनाया गया। उसमें विशेष सुविधाएँ दी गईं, उसे सैटेलाइट नक्शे से जोड़ा गया। मैं जीवन भर इसका अभारी रहूँगा कि मुझे इस माध्यम से भारत के विभिन्न प्रदेशों की आधुनिक तथा पूर्ण जानकारी मिल सकी।

मैं लोगों की समस्याओं से अवगत होना चाहता था; उन विधियों के बारे में जानना चाहता था, जिससे उनकी समस्याओं का निवारण हो सके। मैंने शायद इस पद पर आसीन रहते हुए अपने पूर्व के साथियों से ज्यादा देश के विभिन्न भागों का दौरा किया था।

मैंने सैकड़ों या लाखों लोगों से मिलकर काफी कुछ हासिल किया था, जिनमें से बहुत से पुरुष व स्त्रियाँ भी थीं। मैं यह जान पाया था कि लोग अपनी जानकारी को सीमित नहीं रखना चाहते थे। उनमें नए विषयों तथा क्षेत्रों के बारे में जानने की लालसा थी और विभिन्न जानकारी के लिए वे जिज्ञासु रहते थे। अधिकतर युवा वर्ग, जिनसे मैं मिलता था, मुझसे विभिन्न विषयों के बारे में सवाल पूछता था और वह नई-नई जानकारियों के लिए आतुर रहता था। उसी समय मुझे ज्ञात हुआ कि उनके दिमाग में अनेक विचार थे, जो कि दिल की सतह में जाग चुके थे तथा वे विचार बाहर आने को बेचैन थे। एक बार अगर बंद द्वारों को खोल दिया जाएगा तथा उन्हें अवसर मिलेगा तो वे तेज प्रवाहों से सभी सीमाओं को तोड़कर बाहर आ जाएँगे। उनकी आतुरता तथा जिज्ञासा बढ़ती जा रही थी, जिसे बाहर आने के अवसर चाहिए थे। मुझसे विज्ञान, आधुनिक तकनीक, अंतरिक्ष तथा कला के बारे में अनेक सवाल पूछे जाते थे। इसके अलावा मुझसे मेरे अविवाहित होने तथा मेरे बालों की बनावट के बारे में भी पूछा जाता था। मैं हर सवाल का जवाब निर्भीक होकर सच्चे मन से देता था। मैं हर सवाल के जवाबों को पूरी सच्चाई के साथ बताता था तथा पूछे गए विषय पर विस्तृत रूप से जानकारी देता था। मैं लोगों को बताता था कि मैं आज भी एक विद्यार्थी हूँ, मुझे आज भी नई-नई जानकारियाँ हासिल

मैंने सैकड़ों या लाखों लोगों से मिलकर काफी कुछ हासिल किया था, जिनमें से बहुत से पुरुष व स्त्रियाँ भी थीं। मैं यह जान पाया था कि लोग अपनी जानकारी को सीमित नहीं रखना चाहते थे। उनमें नए विषयों तथा क्षेत्रों के बारे में जानने की लालसा थी और विभिन्न जानकारी के लिए वे जिज्ञासु रहते थे।

करना अच्छा लगता है। मैं उनके पास अपनी जानकारी को बढ़ाने, उस पर विचार-विमर्श करने तथा बात करने आया हूँ, जिससे मेरी जानकारी बढ़ सके। मैं तब यह सोच सकता हूँ कि समाज में एक साथ रहकर किस तरह एक पुरुष, एक महिला अपने को एक वफादार भारतीय के रूप में बना सकते हैं।

राष्ट्रपति के कार्यकाल में मेरे राजनीतिक क्षेत्र में यह एक अनोखा कायाकल्प था, जिसके बारे में मैंने अपनी पुस्तक 'टर्निंग पॉइंट' में चर्चा की है। देश के संविधान का मुखिया होने के नाते मैं पूरी तरह से राजनीतिक विषयों से जुड़ा रहता था। संसद् कैसे कार्य करती है तथा विभिन्न संस्थाओं के कार्यक्षेत्रों की मैं पूरी जानकारी रखता था। इसी तरह से किस तरह अपने कार्यक्षेत्र में महत्त्वपूर्ण बदलाव लाया जा सकता है, मेरे कार्यकाल में नई सोच तथा विचारधाराओं पर निर्णय लिये गए।

राष्ट्रपति के कार्यकाल में मेरे राजनीतिक क्षेत्र में यह एक अनोखा कायाकल्प था, जिसके बारे में मैंने अपनी पुस्तक 'टर्निंग पॉइंट' में चर्चा की है। देश के संविधान का मुखिया होने के नाते मैं पूरी तरह से राजनीतिक विषयों से जुड़ा रहता था।

राष्ट्रपति का कार्यकाल समाप्त होने के बाद मैं एक बार फिर अपने पुराने जीवन में पहुँच गया तथा शिक्षा एवं वार्त्ताओं के जरिए देश व विदेश के विभिन्न क्षेत्रों का भ्रमण किया। मैं अपने कार्य में पूर्णतः व्यस्त हो चुका था। मैं अपनी इच्छा से अपने मनपसंद कार्यों से जुड़ चुका था। मैं एक बार फिर 'इंडिया विजन-2020' तथा 'ग्रामीण जीवन में शहरी सुविधाएँ देना' (PURA) से जुड़ गया था। मैंने एक बार फिर विद्यार्थियों से मिलना आरंभ कर दिया था, विभिन्न भारतीय

व अंतरराष्ट्रीय क्षेत्रों में शोध कार्यों पर काम करना आरंभ कर दिया था और कई महत्त्वपूर्ण राष्ट्रीय विषयों पर अपने विचार व्यक्त करने भी शुरू कर दिए थे। मैंने कई पिछड़े इलाकों का भी दौरा देश-विदेशों में किया। वहाँ जाकर मैंने युवकों से मुलाकात की तथा उनके भविष्य के उद्देश्यों से उन्हें अवगत करवाया, जिससे उनका भविष्य उज्ज्वल बन सके। उन्होंने मुझसे कई प्रश्नों के जवाब माँगने चाहे, जैसे उन्हें उच्च शिक्षा के लिए कौन से विषयों का चयन करना चाहिए और अपने शहर तथा जिलों के उद्धार के लिए अपनानेवाले मार्गों के बारे में जानकारी लेनी चाही।

यह पुस्तक मात्र जीवन का लेखा-जोखा नहीं है, जो मैंने अब तक गुजारा है, बल्कि यह पुस्तक मेरे लंबे सफर में विश्राम-स्थल है, जहाँ मैं थोड़ा विश्राम के लिए बैठा हूँ। यह वह पड़ाव है, जहाँ लगातार ऊँचाई पर चढ़ते हुए आराम के लिए बैठा जा सके तथा अपने आस-पास की दुनिया को गुजरते देख सकें।

यह पुस्तक मात्र जीवन का लेखा-जोखा नहीं है, जो मैंने अब तक गुजारा है, बल्कि यह पुस्तक मेरे लंबे सफर में विश्राम-स्थल है, जहाँ मैं थोड़ा विश्राम के लिए बैठा हूँ। यह वह पड़ाव है, जहाँ लगातार ऊँचाई पर चढ़ते हुए आराम के लिए बैठा जा सके तथा अपने आस-पास की दुनिया को गुजरते देख सकें। आप अपने पीछे की जिंदगी को भी देख सकते हैं। यह मेरी मद्रास तथा देहरादून की यात्रा में वह स्थान है, जहाँ कुछ देर के लिए ट्रेन रुक गई थी, जब मैंने पहली बार दक्षिण भारत से उत्तरी भारत की यात्रा की थी तथा दक्षिणी सीमा से उत्तरी किनारे तक देश को देखा था। इस बार मेरी नजर किसी मंजिल पर नहीं थी। मैं पीछे मुड़कर अपने जीवन के

चमत्कारी पहलू देख रहा था—मैं अपने पिता को हाथों में नारियल लिये घर लौटते देख रहा था, उनके मन को नमाज के बाद जाग्रत् हुए देख रहा था। मैं अपनी माँ के हाथों की गति महसूस कर रहा था, जब वे हम सबके लिए साँभर व चटनी बनाती थीं, जब वे मुझे रसोई में नीचे अपने पास बैठाकर खाना परोसती थीं। मैं आज भी आँखों को बंद कर लहरों का शोर सुन पा रहा था। इसी तरह से रामेश्वरम में आए तूफान के समय तेज हवाओं को पेड़ों से टकराते हुए सुन पा रहा था। मैं आज भी अपने हाथों व पैरों में दिन भर अखबार बाँटने तथा पैसे वसूल करने के बाद आई थकान को महसूस कर पा रहा था। मैं आज भी उन आवाजों तथा शब्दों को सुन पा रहा था। मुझे लग रहा था, शायद ये शब्द कल ही कहे गए थे। मैं आज भी अपने पिता के कहे शब्द याद कर रहा था—''तुम्हें तरक्की तथा विकास के लिए यहाँ से दूर जाना होगा। क्या बाज खुले आकाश में सूर्य के पास अकेला तथा बिना घोंसले के उड़ान नहीं भरता है? तुम्हें भी अपने लक्ष्य की ओर एक लंबी उड़ान भरनी है तथा अपनी यादों की, अपने सपनों की दुनिया तक उड़ना है। मेरा स्नेह तथा मेरी जरूरतें तुम्हें इस मार्ग पर जाने के लिए विचलित नहीं करेंगी।''

मैं आज भी आँखों को बंद कर लहरों का शोर सुन पा रहा था। इसी तरह से रामेश्वरम में आए तूफान के समय तेज हवाओं को पेड़ों से टकराते हुए सुन पा रहा था। मैं आज भी अपने हाथों व पैरों में दिन भर अखबार बाँटने तथा पैसे वसूल करने के बाद आई थकान को महसूस कर पा रहा था। मैं आज भी उन आवाजों तथा शब्दों को सुन पा रहा था।

मैं आराम के इस पड़ाव पर रुककर सोचता हूँ। एक बार मेरे दोस्त, मेरे साथी, मेरे अपने मेरे साथ फिर चलें। वह चाहे पक्षी लक्ष्मण शास्त्री, रेवरेंड इयादुरई सोलोमन हों, अहमद जलालुद्दीन हों, डॉ. विक्रम साराभाई, प्रो. सतीश धवन तथा डॉ. ब्रह्म प्रकाश हों। इसी तरह से अनेक मेरे साथी हैं, जो जिंदगी में मेरे साथ रहे, जिनका मुझ पर पूरा प्रभाव रहा; जिन्होंने मेरी सोच व विचारों को नया मोड़ दिया और बुद्धि को तीव्र किया था। इन सब कहानियों को कहते हुए मैं इन सबको आज भी अपने बहुत करीब महसूस करता हूँ। इन लोगों ने मेरे मस्तिष्क व सोच में जो कुछ बोया था, वह इतने वर्षों बाद आज भी कायम है। जब मैंने इन सबके बारे में चर्चा की थी, मुझे यकीन है कि मेरे पाठकों के दिमाग में कुछ बदलाव आए होंगे तथा उनमें भी कुछ बोया गया होगा। इस तरह सोच में बदलाव; भावनाओं, आदर्शों तथा नियमों का बदलाव ही जीवन के विविध रूप हैं।

कठिन परिश्रम, अध्ययन करना व सीखना, सद्‌भाव तथा क्षमा कर देना—ये सब मेरी जिंदगी में मील के पत्थर हैं। मैंने दुनिया के साथ इन विशेषताओं का सार साझा किया है। निश्चित रूप से एक जिंदगी, जिसे पूरी तरह से जिया गया हो, अगर उसके बारे में दूसरों से चर्चा की जाए तो यह यादों तथा भावनाओं का खजाना होगी। ये दूसरों की जिंदगी में महत्त्वपूर्ण बदलाव ला सकते हैं। इस प्रक्रिया में अगर मेरे पाठकों की उड़ान को पंख मिले हों तो मैं अपने को भाग्यशाली मानूँगा कि मैंने प्रकृति का उपहार दूसरों को दिया।

□□□